"十四五"国家重点出版物出版规划项目

★ 转型时代的中国财经战略论丛 ◢

社会责任对跨国公司在华子公司竞争优势的影响研究

Research on the Influence of MNCs' Social Responsibility on Subsidiary's Competitive Advantage in China

王长义 著

中国财经出版传媒集团

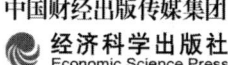

图书在版编目（CIP）数据

社会责任对跨国公司在华子公司竞争优势的影响研究/王长义著. —北京：经济科学出版社，2021.10
（转型时代的中国财经战略论丛）
ISBN 978 – 7 – 5218 – 3004 – 0

Ⅰ. ①社⋯　Ⅱ. ①王⋯　Ⅲ. ①跨国公司 – 企业责任 – 社会责任 – 研究 – 中国　Ⅳ. ①F279.247

中国版本图书馆 CIP 数据核字（2021）第 222864 号

责任编辑：于　源　郑诗南
责任校对：蒋子明
责任印制：范　艳

社会责任对跨国公司在华子公司竞争优势的影响研究
王长义　著
经济科学出版社出版、发行　新华书店经销
社址：北京市海淀区阜成路甲 28 号　邮编：100142
总编部电话：010 – 88191217　发行部电话：010 – 88191522
网址：www.esp.com.cn
电子邮箱：esp@esp.com.cn
天猫网店：经济科学出版社旗舰店
网址：http://jjkxcbs.tmall.com
北京季蜂印刷有限公司印装
710×1000　16 开　12.5 印张　200000 字
2021 年 12 月第 1 版　2021 年 12 月第 1 次印刷
ISBN 978 – 7 – 5218 – 3004 – 0　定价：52.00 元
（图书出现印装问题，本社负责调换。电话：010 – 88191510）
（版权所有　侵权必究　打击盗版　举报热线：010 – 88191661
QQ：2242791300　营销中心电话：010 – 88191537
电子邮箱：dbts@esp.com.cn）

总　序

转型时代的中国财经战略论丛

《转型时代的中国财经战略论丛》是山东财经大学与经济科学出版社合作推出的"十三五"系列学术著作，现继续合作推出"十四五"系列学术专著，是"'十四五'国家重点出版物出版规划项目"。

山东财经大学自2016年开始资助该系列学术专著的出版，至今已有5年的时间。"十三五"期间共资助出版了99部学术著作。这些专著的选题绝大部分是经济学、管理学范畴内的，推动了我校应用经济学和理论经济学等经济学学科门类和工商管理、管理科学与工程、公共管理等管理学学科门类的发展，提升了我校经管学科的竞争力。同时，也有法学、艺术学、文学、教育学、理学等的选题，推动了我校科学研究事业进一步繁荣发展。

山东财经大学是财政部、教育部、山东省共建高校，2011年由原山东经济学院和原山东财政学院合并筹建，2012年正式揭牌成立。学校现有专任教师1688人，其中教授260人、副教授638人。专任教师中具有博士学位的962人。入选青年长江学者1人、国家"万人计划"等国家级人才11人、全国五一劳动奖章获得者1人，"泰山学者"工程等省级人才28人，入选教育部教学指导委员会委员8人、全国优秀教师16人、省级教学名师20人。学校围绕建设全国一流财经特色名校的战略目标，以稳规模、优结构、提质量、强特色为主线，不断深化改革创新，整体学科实力跻身全国财经高校前列，经管学科竞争力居省属高校领先地位。学校拥有一级学科博士点4个，一级学科硕士点11个，硕士专业学位类别20个，博士后科研流动站1个。在全国第四轮学科评估中，应用经济学、工商管理获B+，管理科学与工程、公共管理获B-，B+以上学科数位居省属高校前三甲，学科实力进入全国财经高校前十。工程学进入 ESI 学科排名前 1%。"十三五"期间，我校聚焦内涵式发展，全面实施了科研强校战略，取得了一定成绩。获批国家级课题项目 172 项，教育部及其他省部级课题项目 361 项，承担各级各类横向课题 282 项；教师共发表高水平学术论文 2800 余篇，出版著作 242 部。同时，新增了山东省重点实验室、省重点新型智库和研究基地等科研平台。学校的发展为教师从事科学研究提供了广阔的平台，创造了更加良好的学术生态。

"十四五"时期是我国由全面建成小康社会向基本实现社会主义现代化迈进的关键时期，也是我校进入合校以来第二个十年的跃升发展期。2022 年也将迎来建校 70 周年暨合并建校 10 周年。作为"十四五"国家重点出版物出版规划项目，《转型时代的中国财经战略论丛》将继续坚持以马克思列宁主义、毛泽东思想、邓小平理论、"三个代表"重要思想、科学发展观、习近平新时代中国特色社会主义思想为指导，结合《中共中央关于制定国民经济和社会发展第十四个五年规划和二〇三五年远景目标的建议》以及党的十九届六中全会精神，将国家"十四五"期间重大财经战略作为重点选题，积极开展基础研究和应用研究。

与"十三五"时期相比，"十四五"时期的《转型时代的中国财经战略论丛》将进一步体现鲜明的时代特征、问题导向和创新意识，着力推出反映我校学术前沿水平、体现相关领域高水准的创新性成果，更好地服务我校一流学科和高水平大学建设，展现我校财经特色名校工程建设成效。通过对广大教师进一步的出版资助，鼓励我校广大教师潜心治学，扎实研究，在基础研究上密切跟踪国内外学术发展和学科建设的前沿与动态，着力推进学科体系、学术体系和话语体系建设与创新；在应用研究上立足党和国家事业发展需要，聚焦经济社会发展中的全局性、战略性和前瞻性的重大理论与实践问题，力求提出一些具有现实性、针对性和较强参考价值的思路和对策。

山东财经大学校长

2021 年 11 月 30 日

前　言

转型时代的中国财经战略论丛

当前，我国已经进入高水平对外开放和构建新发展格局的新阶段。新发展阶段下，我国面临着转变经济发展方式、优化经济结构、转换增长动力的艰巨任务，经济发展必须坚定不移贯彻创新、协调、绿色、开放、共享的理念，更注重质量和效益，实现经济效益、社会效益和生态环境效益的有机统一，以期实现更高质量、更有效率、更加公平、更可持续和更为安全的发展，逐步形成以国内大循环为主体、国内国际双循环相互促进的新发展格局。在此过程中，企业作为重要的微观经济主体，其经营行为对构建和发展社会经济发展新格局具有重要的影响，企业不可避免地要承担起社会经济发展的压舱石功能和责任，因为无论是经济循环中生产、流通、消费、分配各个环节产品及服务价值的创造和实现，还是国家治理层面的共同富裕、高质量发展等目标的实现，都要依托于企业和市场主体。因此，新发展阶段下，企业被赋予的社会责任越来越大、越来越多，企业所需履行的社会责任达到了前所未有的程度，企业社会责任已经变成一个事关全局的问题。对于在华跨国公司来说，一方面，随着中国经济发展水平的不断提升，发展环境的日趋优化，中国优势进一步凸显，为跨国公司经营发展提供了广阔的市场需求、产业合作、创新合作的空间和盈利机会。跨国公司也有责任和义务积极响应中国国家社会经济发展战略和政府治理社会问题的需求，主动履行企业的社会责任，为我国的经济发展做出贡献。另一方面，作为企业社会责任理念的积极传播者和责任履行的先行者，跨国公司深知企业社会责任对其更好地适应中国环境、提升公司形象、提高公司经营业绩、获取有价值资源、赢得竞争优势等的重要性，因此跨国公司履行企业社会责任具有愈来愈明显的内在驱动力。特别是在新发展阶段下，随着我国新发展格局的逐步构建，高水平对外开放环境的进一步改善和优化，跨国公司社会责任的全面、高标准、有效履行将会对自身竞争优势的持续提升产生重要的促进作用，进而甚至会成为跨国公司国际竞争力增强的重要支撑。因此，研究跨国公司社会责任的经济效应机理，尤其是分析社会责任影响跨国公司竞争优势的作用机理，有利于深刻认识中国新发展阶段下企业社会责任履行的必要性，对于中国构建新发展格局，乃至促进我国企业以及在华跨国公司的高质量发展具有重要的影响。本书以跨国公司在华子公司为研究对象，以跨国公司社会责任影响在华子公司竞争优势为研究内容，通过对东道国网络与跨国公司海外子公司竞争优势关系、社会责任与跨国公司海外子公司东道国网络关系、社会责任与跨国公司海外子公司竞争优势关系的深入分析，尝试构建了跨国公司在华子公司"企业社会责任—东道国网络—竞争优势"的理论分析框架，探究了跨国公司在华子公司社会责任影响其竞争优势的机制和路径，并利用123家在华子公司的横断面数据，实证验证了社会责任对跨国公司在华子公司竞争优势的具体影响。

通过理论分析和实证研究，本书得出的主要结论是：跨国公司在华子公司履行企业社会责任，有利于其竞争优势的增强，这种影响一方面来自企业社会责任对竞争优势的直接促进作用，另一方面来自企业社会责任所具有的网络效应而产生的对公司竞争优势的间接促进作用。

本书是在笔者博士论文的基础上补充修改而成的。尽管博士论文的完成与此书的出版时间相隔已有数年，论文参考的文献资料和数据略显陈旧，但当初论文的选题和研究对象仍然能够与目前学术界关于企业社会责任对公司竞争优势影响的研究同频共振，论文的研究视角、理论框架仍具有一定的学术价值，研究结论仍然能够反映实践、指导实践。

本书获得了山东财经大学学术专著出版计划的资助，衷心感谢山东财经大学各级领导和同事的关心、帮助和支持。感谢经济科学出版社对全书的仔细修订与规范，他们的责任心和高效率保证了本书的顺利出版。

目 录

转型时代的中国财经战略论丛

第1章 绪论 ·· 1
  1.1 研究的背景 ··· 1
  1.2 研究的意义 ··· 9
  1.3 相关概念的分析与界定 ··· 13
  1.4 研究方法、思路与研究内容 ·· 18
  1.5 主要创新点 ·· 22

第2章 文献综述 ·· 24
  2.1 跨国公司社会责任研究 ·· 24
  2.2 跨国公司及其子公司竞争优势理论研究 ·························· 35
  2.3 跨国公司社会责任与子公司竞争优势关系研究 ················· 52
  2.4 本章小结 ··· 64

第3章 社会责任对跨国公司在华子公司竞争优势影响的理论分析 ······ 66
  3.1 跨国公司海外子公司竞争优势来源的理论分析 ················· 66
  3.2 东道国网络与跨国公司海外子公司竞争优势 ···················· 69
  3.3 社会责任与跨国公司海外子公司东道国网络 ···················· 79
  3.4 社会责任与跨国公司海外子公司竞争优势 ······················· 96
  3.5 社会责任影响跨国公司在华子公司竞争优势机制的
      理论框架 ··· 98
  3.6 本章小结 ··· 99

第 4 章 社会责任对跨国公司在华子公司竞争优势影响的概念模型和研究设计 ·················· 100
 4.1 概念模型和假设提出 ·················· 100
 4.2 问卷设计 ·················· 102
 4.3 量表设计 ·················· 103
 4.4 样本选取与数据收集 ·················· 115
 4.5 统计分析方法 ·················· 116
 4.6 本章小结 ·················· 119

第 5 章 社会责任对跨国公司在华子公司竞争优势影响的实证分析 ·················· 120
 5.1 描述性统计分析 ·················· 120
 5.2 样本信度及效度检验 ·················· 123
 5.3 样本总体变量间的 Pearson 相关分析 ·················· 130
 5.4 样本总体变量间关系的多元回归分析 ·················· 133
 5.5 概念模型修正 ·················· 146
 5.6 本章小结 ·················· 152

第 6 章 研究结论及未来展望 ·················· 153
 6.1 主要研究结论与启示 ·················· 153
 6.2 研究不足及未来展望 ·················· 157

附录 ·················· 160
参考文献 ·················· 166

第 1 章 绪　　论

1.1　研究的背景

1.1.1　现实背景

企业社会责任的思想形成于 20 世纪初的美国，而对跨国公司社会责任实践的关注则源于 20 世纪 70 年代跨国公司的快速发展及其引发的诸多社会问题。20 世纪 70 年代，以贸易全球化、投资全球化、金融全球化为特征的经济全球化进程的加快，推动了生产要素在更大范围、更高层次上的优化配置，促进了国与国之间经贸合作的加强和世界经济的深入发展。作为经济全球化最活跃的微观主体，跨国公司在推动国际贸易、国际直接投资、国际金融快速发展，为母国、东道国和世界经济做出突出贡献的同时，其全球生产经营扩张也造成或加剧了生态环境恶化、资源浪费、贫富分化、失业、践踏劳动者权益、损害消费者权益等众多社会问题，引发了西方发达国家的消费者、工会组织、环保组织以及其他非政府组织对跨国公司的强烈抵制，他们要求跨国公司在扩张国际市场、谋求经济利益最大化的同时，承担起对其利益相关者的社会责任。与此同时，随着人们价值观念、消费观念的改变，以及对可持续发展观的认同，西方社会掀起了深入、广泛、持久的环保运动、劳工运动、消费者运动、社会责任投资运动、可持续发展运动等一系列社会责任运动。在此背景下，一系列约束和规范跨国公司经营行为的规则纷纷建立，如经济合作与发展组织（OECD）的《跨国公司行为准则》、国际劳工组织（ILO）的《关于跨国公司与社会政策的三方原则宣言》、国际社会责任组织（SAI）制定的 SA 8000、联合国推动的"全球契约"计划、国际标准化组织颁布的 ISO 26000，以及各国制定和实施的关于企业社会责任的法律法规等。发展至今，在外部环境压力、制度约束和内部意识觉醒的多重作用下，跨国公司对社会责任的态度经历了一个前后变化的过程。最初当企业社会责任以一种外在压力的形式作用于跨国公司时，它们是被动响应和消极应对的。后来当企业社会责任以一种内化的方式影响跨国公司的声誉和盈利目标时，跨国公司的企业社会责任意识增强，开始主动履行社会责任。当前，跨国公司已经成为企业社会责任的积极倡导者和实践者，它们纷纷把企业社会责任融入自己的经营理念、价值以及战略管理中。90%的世界500强企业不仅将企业社会责任作为其组织目标的基本要素，同时每年主动公开企业社会责任的履行情况，在积极推动各种社会问题的解决中不断提升自身的软实力和社会认可度[1]。企业社会责任报告反映企业社会责任实践[2]。根据毕马威2017年对全球49个国家和地区4900家企业的企业社会责任报告和可持续发展报告的调查[3]，发现跨国公司社会责任呈现出六个方面的特征：一是在G250企业中[4]，过去的四次调查中，企业社会责任报告率一直稳定在90%~95%之间，2017年达到93%；二是各行业的企业社会责任报告率达到60%或以上，其中石油天然气、化工、矿业的企业社会责任报告率分别达到81%、81%、80%，企业社会责任报告已经成为G250企业的行业惯例；三是78%的G250企业把企业社会责任数据纳入年度财务报告中，这表明它们认为企业社会责任信息与投资者息息相关；四是进行企业社会责任报告第三方鉴证的G250企业数量占比明显，67%的企业都进行了鉴证，在过去12年中增加了一倍以上，鉴证企业

---

[1] 党齐民：《国外企业社会责任的发展趋势与启示》，载于《甘肃社会科学》2019年第2期。

[2] Giovanna Michelon, Antonio Parbonetti, The Effect of Corporate Governance on Sustainability Disclosure. *Journal of Management and Governance*, Vol. 16, 2012, pp. 477–509.

[3] 毕马威中国：《毕马威2017年企业社会责任报告调查》，https://home.kpmg/cn/zh/home/insights/2017/10/the-kpmg-survey-of-corporate-responsibility-reporting-2017.html。

[4] 毕马威企业社会责任报告调查中的G250企业，是指由全球收入最高的250家企业构成的样本，以《财富》的2016年世界500强榜单为准。它反映的是跨国公司的行为趋势，所以，G250企业社会责任不但能够反映跨国公司社会责任实践，而且也代表全球企业社会责任发展的变化和趋势。

社会责任数据已经成为企业普遍遵守的惯例,表明 G250 企业认识到提升这些信息可信度的价值;五是在联合国可持续发展目标(SDG)发布不到两年的时间内,有 43% 的 G250 企业将自身的企业社会责任活动与 SDG 相联系;六是更多的 G250 企业制定碳减排目标,67% 的 G250 企业把企业碳减排目标与《巴黎协定》的碳减排目标及全球气候目标相联系。上述数据充分反映了跨国公司对企业社会责任的重视及履行的普遍性。随着新冠肺炎疫情的暴发及在全球的持续蔓延,跨国公司的全球经营活动面临着严峻的挑战,尽管如此,在各国应对疫情的过程中,跨国公司投入众多资源,采取众多措施参加各国的新冠肺炎疫情防控,积极主动履行企业社会责任,关注员工利益、保障消费者权益、重视当地社区利益,更严格把关产品责任、更积极贡献社会利益[①]。具体到中国而言,随着我国对外开放水平的进一步提高和经济全球化程度的加深,中国成为跨国公司全球投资中越来越重要的组成部分。截至 2019 年底,在中国投资的跨国公司已经突破 100 万家,而世界 500 强公司中已有 490 多家在我国进行了投资。跨国公司在享受中国经济发展红利的同时,也积极主动履行企业社会责任,致力推动中国社会经济可持续、高质量发展。截至 2018 年,外商投资企业对中国经济增长的贡献率达 25% 左右,不足全国企业总数 3% 的外商投资企业,创造了约 50% 的进出口总额、25% 以上的工业产值、20% 的税收和 10% 的城镇就业[②],同时外商投资企业还带动了国内的科技进步,提高了整体的管理水平,引进并培养了大量人才。此外,在华跨国公司广泛开展公益志愿和慈善捐赠活动,尤其在发展教育、医疗、水资源保护、绿色发展、节能减排、帮扶贫困、改善民生、支持公共事业发展等领域,起到了积极的推动作用。近年来,面对中国乃至全球的市场格局、产业环境发生的巨大变化,以及社会各界对企业履行社会责任的新要求,在华跨国公司将自身发展战略与中国宏观经济发展战略相融合,结合自身技术、管理等方面专业优势,积极参与解决中国经济社会发展中面临的问题,在探寻社会问题解决方案的同时,也为自身开展新业务、实现可持续发展奠定了基

---

① 崔新健、彭谙慧:《新冠疫情影响下跨国公司企业社会责任新趋势》,载于《国际贸易》2020 年第 9 期。

② 中国国际投资促进会:《中国吸收外资四十年(1978 – 2018)》,中国财政经济出版社 2020 年版。

础，实现了经济效益与社会效益的双赢。但是，不可忽视的一个问题是，在母国社会责任表现良好的跨国公司在包括中国在内的东道国出现了社会责任缺失或弱化的现象①。苏罗卡等（Surroca et al.，2013）研究指出，跨国公司往往在母国有良好的社会责任表现，在东道国有时也能通过承担一些社会责任来树立良好的品牌形象，但同时也经常被发现在东道国采取一些不负责任的行为，有时甚至会出现严重推卸社会责任的情况②。张继焦和吴玥（2019）研究发现，尽管跨国公司履行社会责任的意识总体上是增强的，但近10年来，部分跨国公司在中国履行社会责任不如10年前突出，反而是我国很多本土企业尤其是国有企业，履行社会责任的意识和能力越来越强③。胡叶琳和余菁（2021）发现，在华跨国公司社会责任部分缺失表现在：向我国转移在其母国受限制的、低环保与低安全标准的产业技术与管理标准；利用国内外产品标准差异，对同一产品在我国市场实行与母国差异化的和更低水准的质量与服务标准；一些跨国公司选择采取比其母公司低的用工标准损害我国劳工权益；部分跨国公司出现商业贿赂和垄断行为④。中国社科院课题组2019年发布的中国企业社会责任研究报告中，将企业年度社会责任发展指数进行星级分类，分别为五星级、四星级、三星级、二星级和一星级，分别对应卓越者、领先者、追赶者、起步者和旁观者五个发展阶段。报告显示：2019年外资企业100强在履行社会责任方面与国内企业相比，外企履职社会责任总体得分较低。91家外资企业社会责任发展指数低于60分，处于三星级及以下水平。三星（中国）、现代汽车（中国）、松下电器、LG（中国）、浦项（中国）、台达（中国）6家企业社会责任发展指数达到五星级水平，处于卓越者阶段，较2018年增加1家；四星级外资企业数量为3家，与2018年持平；三星级和二星

---

① 这里说的在华跨国公司社会责任缺失或弱化有两层含义：一是相对于母国，一部分在华跨国公司履行企业社会责任标准或水平降低；二是在华跨国公司履行企业社会责任时出现部分责任缺失现象。

② Surroca J. et al. Stakeholder Pressure on MNEs and the Transfer of Socially Irresponsible Practices to Subsidiaries. *Academy of Management Journal*，Vol. 56，No. 2，2013，pp. 549 – 572.

③ 张继焦、吴玥：《跨国公司在中国履行社会责任的思考》，载于《创新》2019年第6期。

④ 胡叶琳、余菁：《"十四五"时期在华跨国公司发展研究》，载于《经济体制改革》2021年第1期。

级外资企业数量大幅减少,分别为5家和8家;有78家企业社会责任发展指数为一星级水平,处于旁观者阶段。[1]

为什么在中国经济持续发展为外商对华投资提供更多盈利机会过程中部分在华跨国公司社会责任仍会出现弱化?学者们对此进行了大量的研究,其中国外学者施瓦茨和卡罗尔(Schwarts & Carrol,2003)的企业社会责任动因模型(见图1-1)的解释更为典型和具有一般性。

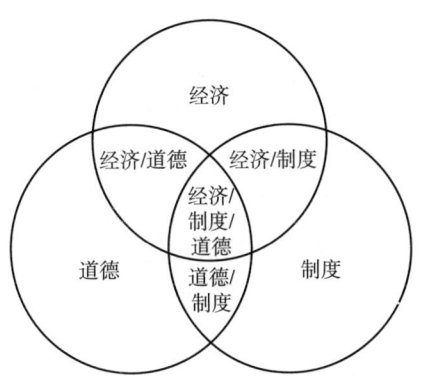

图1-1 企业社会责任的动因

资料来源:Mark S. Schwartz, Archie B. Carroll, Corporate Social Responsibility: A Three Domain Approach. *Business Ethics Quarterly*, Vol. 13, No. 4, 2003, pp. 509.

该模型认为企业承担社会责任的动因可以归结为三个方面:经济利益、制度约束、道德自律。分别以三个圆表示,由三个圆相交而产生七个区域:纯经济、纯制度、纯道德、经济/制度、经济/道德、道德/制度、经济/道德/制度,并认为中间的状态是理想状态,因为它可以同时满足社会各个方面的要求。根据3个动因各自强度的不同,企业社会责任被划分为不同类型,即经济动因主导型、制度动因主导型、道德动因主导型和平衡型,用以表示不同企业社会责任的不同特质。从道德责任看,若企业具备一定的"道德意识",是出于伦理道德而真正履行社会责任并客观地披露信息,则可以认为企业是一个"好公民"[2]。在此情

---

[1] 《在华外企履行企业社会责任,东亚企业领先欧美企业》,中国经济网,http://www.ce.cn/xwzx/gnsz/gdxw/201911/19/t20191119_33649035.shtml。

[2] Carroll A B. A Three-dimensional Conceptual Model of Corporate Performance. *Academy of Management Review*, Vol. 4, No. 4, 1979, pp. 497-505.

况下，企业的社会责任行为是出于伦理道德动机，即企业是真心实意地履行社会责任，把履行社会责任当作一种道德使命，要求企业经营管理者的行为必须符合道德水准，即做正确的事①。它需要企业具有较高的道德自律和道德约束。从制度责任看，企业社会责任无法与其所处的制度环境等因素相剥离②，制度因素是企业承担社会责任的重要动机③，各国的政治体系、金融体系、教育和劳动体系、文化体系等制度因素的差异性对企业社会责任具有不同的影响④。然而，企业纯粹出于道德动因承担社会责任的十分少见，而纯粹出于制度动因承担社会责任往往是对制度的被动适应⑤。可以说，道德约束和制度规范是企业社会责任履行的外部动力，一旦道德约束不足以及制度规范、制度监管执行不力往往会导致企业履行社会责任拥有非常大的弹性空间，出现企业社会责任缺失或弱化的问题。对我国而言，目前虽然已有一系列关于企业社会责任的法律法规，但在具体操作方面较为欠缺，而且我国还没有成立正式的社会责任组织，也没有颁布国际上承认的企业社会责任标准，政府部门的引导和监管不到位，甚至对企业社会责任的监管存在职能重叠、职能交叉、多头管理、职能缺失、碎片化的现象⑥。这种种情况还无法对在华跨国公司履行社会责任形成持续、全面有效的监督和约束，导致部分在华跨国公司社会责任弱化或缺失。从经济动因的角度来看，作为理性的经济人，经济收益最大化是企业生产经营的终极目标，进而会使企业把经济利益的获取视为履行社会责任水平高低的标准。马丁（Martin, 2002）认为企业应该遵守基本的法律、管制、规范的要求，否则会

---

① Jones T M. Instrumental Stakeholder Theory: A Synthesis of Ethics and Economics. *Academy of Management Review*, Vol. 20, No. 2, 1995, pp. 404–437.

② 齐丽云、苏爽：《中国石油的企业社会责任演进过程——基于组织意义建构和制度整合视角的案例研究》，载于《管理案例研究与评论》2018年第6期。

③ Margolis J. D., Walsh J. P. Misery Loves Companies: Rethinking Social Initiatives by Business. *Administrative Science Quarterly*, Vol. 48, No. 2, 2003, pp. 268–305.

④ Matten D., Moon J. "Implicit" and "Explicit" CSR: A Conceptual Framework for a Comparative Understanding of Corporate Social Responsibility. *Academy of Management Review*, Vol. 33, No. 2, 2008, pp. 404–424.

⑤ 鞠芳辉、谢子远、宝贡敏：《企业社会责任的实现——基于消费者选择的分析》，载于《中国工业经济》2005年第9期。

⑥ 党齐民：《国外企业社会责任的发展趋向与启示》，载于《甘肃社会科学》2019年第2期。

影响其财务绩效,而超越法律、管制规定的社会责任行动会增加企业的成本和产品价格,使企业的竞争能力降低,也会影响其财务绩效[①]。阿姆斯特朗等(Armstrong et al., 2004)认为,虽然企业社会责任缺失行为具有社会危害性,但如果采取这种行为能带来的利润远远高于投入成本,那么就有企业会采取这种行为来获取高额回报[②]。德马卡蒂(Demacarty, 2009)研究发现,无论是企业社会责任履行还是缺失,都可成为企业获取经济利益的手段,只要使用得当就能快速提升企业业绩[③]。总之,尽管企业履行社会责任的意愿是由制度、道德、经济的因素共同驱动的,但经济利益驱动才是最主要的内在动因。对利润的追逐是包括跨国公司这样的大企业弱化其企业社会责任的最根本动因,这也是部分跨国公司在采取社会责任行为创造价值的同时,采取不负责任的行为破坏其所创造的价值以及象征性地执行跨国企业社会责任标准的根本原因(Vanessa et al., 2006)。

一个社会和国家的可持续发展,需要在其中具有越来越多影响力的企业承担相应的社会责任。这需要企业的道德自律、法律建设和监管力度的加强,但也更需要企业的社会责任行为能够为企业带来竞争优势,提高竞争力,获得经济效益,从而使企业自觉地承担社会责任。正如约瑟夫(Joseph, 2003)所认为的,尽管企业改善其社会绩效的意愿是由制度、道德、经济的因素共同驱动的,但经济利益动因才是最根本的内在动因。国际战略管理大师迈克尔·波特也指出,如果企业从相互依存的角度考虑企业与社会的关系,用统一的战略框架来分析企业社会责任的前景,那么,就会发现企业社会责任对于企业来说就不仅仅是成本、障碍或慈善,同时也是机会、创新和竞争优势之来源(Porter & Kramer, 2006)。因此,探讨企业的社会责任行为与经济利益的关系具有现实的紧迫性。本书正是基于这一现实背景,拟从影响企业经济利益的最为重要的因素——竞争优势的视角,研究企业社会责任对跨国公司在华

[①] Martin Roger L., The Virtue Matrix: Calculating the Return on Corporate Responsibility. *Harvard Business Review*, Vol. 80, No. 3, 2002, pp. 68-75.

[②] Armstrong R. W. et al. The Impact of Banality, Risky Shift and Escalating Commitment on Ethical Decision Making. *Journal of Business Ethics*, Vol. 53, No. 4, 2004, PP. 365-370.

[③] Demacarty P. Financial Returns of Corporate Social Responsibility, and the Moral Freedom and Responsibility of Business Leaders. *Business & Society Review*, Vol. 114, No. 3, 2009, pp. 393-433.

子公司竞争优势的影响，以期对上述命题作以回应。

1.1.2 理论背景

在国外有关跨国公司的理论研究中，以跨国公司海外子公司为中心的研究自20世纪80年代起成为越来越活跃的研究方向。这一领域的最初研究集中于跨国公司母公司与海外子公司之间的控制、协调以及集权—分权程度等关系上。在随后的研究中，海外子公司逐渐作为独立的研究对象出现，研究的重点开始转向海外子公司的地位和作用。近年来，随着海外子公司在跨国公司整体发展中的作用日益重要，对海外子公司演化成长的研究成为新的研究重点，国内外学者开始尝试运用企业网络理论、资源基础论、成长理论、学习理论、创新理论等来研究海外子公司与外部环境的互动关系、内在成长动力以及成长机制等重要问题[1]。

在海外子公司成长战略的研究中，"竞争优势"是题中应有之义，并理应作为研究的重点，因为日趋复杂与激烈的竞争环境使得竞争优势成为企业求得生存与发展的关键。获取持续竞争优势已经成为企业管理领域广泛推崇与讨论的主题（Raj Aggarwal, 2008; Federica Angeli et al., 2015; Incheol Kim et al., 2021）。

20世纪80年代以来，动荡的国际竞争环境对全球经济背景下的跨国公司如何建立竞争优势提出了新的挑战，获取持续的竞争优势是跨国公司经理们每天必须面对的现实。实际上，经营优势分析一直是跨国公司理论的核心问题。"跨国公司经营优势是跨国公司理论与实践中的一个中心问题。当人们试图回答为什么跨国公司要到海外去投资经营和如何在海外投资经营时，不约而同地注意到跨国公司所具有的经营优势"[2]。建立世界范围的竞争优势也成为跨国公司经营管理的战略目标。

---

[1] Birkinshaw, J. M., Entrepreneurship in Multinational Corporations: the Characteristics of Subsidiary Initiatives. *Strategic Management Journal*, Vol. 18, 1997, pp. 207 – 229；赵景华：《跨国公司在华子公司战略研究》，经济管理出版社2002年版；薛求知：《当代跨国公司新理论》，复旦大学出版社2007年版。

[2] 刘海云：《跨国公司经营优势变迁》，中国发展出版社2001年版，第14页。

然而，传统跨国公司理论构建中的许多前提假设在今天早已不复存在，传统的"优势利用"论正在被"优势获取"论所替代。20世纪90年代，多变的国际经营环境使得跨国公司经营战略处于动态调整之中，企业重组、战略联盟、合同安排、网络组织等改革浪潮冲击了人们的思想，使人们的注意力从研究跨公司动因、存在机制转移到研究跨国公司的发展机制，从研究跨国公司利用什么优势、如何利用优势转移到研究跨国公司如何获取乃至创造优势（特别是竞争优势），从直接投资研究角度转移到战略管理研究角度。

随着经济全球化的深入发展和网络组织的发展，企业战略逻辑发生了根本性变革，企业追求的不再是企业间纯粹的交易关系或者企业内纯粹的科层关系，而是追求企业间的合作竞争和网络关系，强调通过全球资源整合来提升持续竞争优势。在这种战略逻辑变革的推动下，跨国公司子公司定位逐渐从科层范式向网络范式发展（陈福添，2006）。相应地，在跨国公司全球范围内"优势获取"的过程中，海外子公司担负着越来越重要的角色。许多海外子公司从母公司承接"垄断优势"后，在东道国扎根生长，充分汲取当地营养，挖掘成长潜力，日益壮大，成为跨国公司总体竞争优势的重要贡献者，甚至成为"卓越中心"。

本书正是基于这一理论背景，以跨国公司在华子公司为研究对象，把企业社会责任这一组织行为与跨国公司在华子公司竞争优势联系起来，以探究企业社会责任能否对跨国公司在华子公司竞争优势产生影响，即企业社会责任作为跨国公司在华子公司竞争优势来源的形成机制问题。

1.2 研究的意义

1.2.1 现实意义

当前，在经济全球化日益加深、贸易保护主义逐步上升、世界经济持续低迷、全球市场不断萎缩的外部环境下，我国面临着转变经济发展方式、优化经济产业结构、转换经济增长动力的艰巨任务，为实现经济效益、社会效益和生态环境效益的有机统一，形成以国内大循环为主体、国内国际双循环相互促进的新发展格局，无论从个体发展层面的科技创新、价值创造，还是从国家治理层面的共同富裕、高质量发展等，都需要企业承担起更多的社会责任，履行其作为市场主体和经济发展压舱石的功能和义务。对于在华跨国公司来说，一方面，随着中国经济发展水平的不断提升，中国已经成为跨国公司全球营收增长的动力源，绝大部分跨国公司在华营业收入占全球营业收入的比重不断提升，在部分跨国公司的国际业务中，中国已成为其最大的单一市场。因此，在从中国获取巨大的发展机会和经济利益的同时，跨国公司应该结合自身发展战略规划做全球供应链布局，找准在中国国内大循环和国内国际双循环中的位置和比较优势，积极主动全面履行企业社会责任，深度融入新发展格局。另一方面，许多跨国公司具有较为成熟完备的管理体系以及丰富广泛的贸易经验，更容易提炼出适应东道国环境、提升公司形象、提高公司经营业绩、获取有价值资源的竞争优势，从而成为跨国公司履行企业社会责任的内在驱动力。跨国公司社会责任的高标准履行将会对跨国公司竞争优势的持续提升产生重要的促进作用，进而成为跨国公司国际竞争力增强的重要支撑。因此，本书从企业社会责任的角度研究其对跨国公司在华子公司竞争优势的影响，分析基于社会责任的跨国公司在华子公司竞争优势形成机理和机制，并进行实证检验，以期充分体现赢得竞争优势、增强国际竞争力是跨国公司承担企业社会责任的内在驱动动力，承担企业社会责任是跨国公司自身发展和经营国际化的主动需求。其研究具有重要的现实意义，它有利于我国企业社会责任意识的进一步增强，使其能够更积极、主动地践行企业社会责任，提升我国企业管理和履行企业社会责任的能力和水平。尤其是对那些实施"走出去"战略，开展跨国经营的我国企业，为更好地适应跨国公司全球经营环境的变化，通过履行企业社会责任营造良好的外部环境，助力提升企业形象和社会影响力，拓展企业的竞争优势之源，提高企业的国际竞争力，进一步发展壮大为跨国公司，具有重要的实践意义。

1.2.2 理论意义

整体上看，近几年来，在国际商务领域，国内外学者都加强了对跨国公司社会责任和跨国公司海外子公司的研究。但笔者通过对国内外文献的梳理发现，在现有研究中，存在着以下不足：（1）国内外学者对跨国公司社会责任的研究主要集中在以下方面：跨国公司社会责任概念、内容与范畴的界定、跨国公司社会责任的驱动因素和影响因素的分析、跨国公司社会责任的一体化与当地化的选择和协调问题、跨国公司社会责任标准问题、跨国公司社会责任的供应链问题、企业社会责任的国别性差异分析等，而且这些分析建立在多学科、多视角、多种方法的框架之下，反映了跨国公司社会责任研究的广泛性和复杂性。虽然实践中，越来越多的跨国公司，尤其是那些知名的巨型跨国公司已经充分认识到社会责任对公司竞争优势以及可持续发展的战略重要性，并积极主动地在母国和东道国践行企业社会责任，但是在理论层面，基于企业社会责任的跨国公司及其海外子公司竞争优势的系统性研究比较有限。国外学者更多的是从公司案例研究中总结归纳出企业社会责任对跨国公司竞争优势某一方面的影响（Bendell & Visser, 2005; Fox, 2004; Prahalad, 2005; Nader Asgary & Gang Li, 2016; Vigneau et al., 2015）。（2）跨国公司海外子公司研究方面。学者们由最初集中于研究跨国公司母公司与海外子公司之间的控制、协调以及集权—分权程度等关系，到后来转向海外子公司的地位和作用，并运用企业网络理论、资源基础论、成长理论、学习理论、创新理论等来研究海外子公司与外部环境的互动关系、内在成长动力以及成长机制等重要问题。在这个过程中，对跨国公司海外子公司竞争优势的研究成为学者们一个重要的研究方向，研究的内容主要包括：子公司特定优势问题、作为"卓越中心"的子公司问题、作为学习主体的子公司问题、作为创新主体的子公司问题、母子公司间的知识流动和转移问题、子公司间的知识流动和转移问题、子公司网络嵌入问题等，这些内容在很大程度上可归结为两大方面，即子公司竞争优势的"利用"和"获取"及其影响因素。而且学者们越来越关注跨国公司海外子公司竞争优势的"获取"方面，并强调东道国在子公司竞争优势获取方面发挥的重要作用。但学者们无论是基于资源观、知识观的研究，还是基于学习观、创新观的研究，在分析子公司竞争优势来源时，要么"搁浅于"资源、知识或技术，要么"搁浅于"学习、创新，而没有进一步分析它们又来源于哪里。此外，跨国公司海外子公司竞争优势除了来源于子公司的市场行为、经济行为，是否还有其他组织行为有助于其竞争优势的形成？例如，企业社会责任能否对子公司竞争优势产生影响？这是学者们忽视的另一个问题。

（3）在现有的关于企业社会责任与公司竞争优势的关系研究方面，国内外学者已经发表或出版了大量的文章、专著、研究报告等研究成果，其主要内容包括：战略性企业社会责任的内涵及其识别特征、企业社会责任与公司价值创造的关系、企业社会责任与学习的关系、企业社会责任与创新的关系、企业社会责任与公司财务绩效的关系、企业社会责任与企业资源的关系等，尤其是关于企业社会责任与公司绩效的关系方面的理论和实证研究更是硕果累累。但是，把企业社会责任的竞争优势分析拓展到国际商务领域，研究企业社会责任对跨国公司及其海外子公司竞争优势影响的文献可谓凤毛麟角。正如彼得·罗德里格斯等（Peter Rodriguez et al.，2006）在知名的《国际商务研究杂志》（*Journal of international Business Studies*）所显示出的焦虑和担忧：虽然企业社会责任为更好地"理解跨国公司如何影响其全球经济、政治和社会环境并如何对其做出反应提供了一个独特的视角，……但人们对跨国公司社会责任的研究目前仍处于起步阶段，……在企业社会责任对跨国公司的影响方面，有许多理论和经验方面的问题尚未解决……"[1]。

针对上述现有研究的不足，本书以跨国公司在华子公司为研究对象，从跨国公司在华子公司东道国网络的角度较为系统地研究了跨国公司社会责任影响在华子公司竞争优势的机制和路径问题，创建了社会责任影响跨国公司在华子公司竞争优势机制的理论框架。在国际商务领域，这样的理论分析框架还很少见，因此，本书进行的这一探索性研究，具有一定的理论价值，它不但有利于丰富和发展跨国公司社会责任理论，而且也有助于拓展跨国公司及其子公司竞争优势理论。

---

[1] Peter Rodriguez, Donald S Siegel, Amy Hillman and Lorraine Eden, Three Lenses on the Multinational Enterprise: Politics, Corruption, and Corporate Social Responsibility. *Journal of International Business Studies*, Vol. 37, No. 6, 2006, pp. 733–746.

1.3 相关概念的分析与界定

1.3.1 跨国公司

关于"跨国公司"的定义有很多，有基于结构标准方面的，也有基于绩效标准方面的，还有基于跨国公司行为特征方面的定义。本书根据联合国《跨国公司行为守则草案》的定义，以及后来不同学者对跨国公司的定义所做的发展和补充，把跨国公司界定为，是对在两个或两个以上不同国家或地区进行经营，以获取竞争优势的多个实体（包括子公司、分公司和其他附属机构）的行为进行管理的实体。跨国公司实体中的不同实体之间在分工协作的基础上开展业务，拥有共同的决策中心和战略，分享知识、资源，分担责任和风险。跨国公司实体的实质是分散在不同子公司、分公司以及其活动之中的各种物质、金融、信息技术和管理等资源和产品市场责任构成的跨越国界的资源配置结构。大型跨国公司一般是一个由核心层、紧密层、半紧密层和松散层等多层次组织构成的经济联合体或企业集团，这些多层次组织之间存在资本、产品、技术、人事、契约等方面的联系，并通过这些联系纽带形成一个统一的体系[①]。联合国贸易与发展会议在每年发布的《世界投资报告》以及对世界著名跨国公司按照不同角度进行的排名中，常常把跨国公司按照行业分为两大类：非金融类跨国公司和金融类跨国公司。出于研究的考虑，本书所指的跨国公司既包括非金融类跨国公司，也包括金融类跨国公司。

1.3.2 跨国公司海外子公司

多数文献资料往往使用子公司一词来泛指跨国公司的下属经营组织。实际上，当涉及法律层面时，需要将子公司和分公司这两个概念区

---

① 罗来军：《跨国公司母公司对国际合资子公司的控制研究》，复旦大学博士论文，2007年，第21页。

别开来。当母公司决定在东道国进行直接投资时，无论是通过收购东道国企业，或是创建新企业，都面临着组织形式上的法律选择问题，即通过对外投资而设立的组织机构是分公司还是子公司的问题。国外分公司是母公司为在国外某一地点完成特定任务而设立的分支机构，分公司并不具备法律意义上的独立性。而海外子公司则是根据东道国的法律、为完成母公司指派的任务而成立的独立公司，子公司不仅具有一定的经营管理自主权，同时具备独立的法人地位，母公司通过成为子公司的控股公司而对子公司实行控制和约束。

本书对跨国公司海外子公司的概念界定为：跨国公司在东道国设立的具有独立法律形式的战略实体单位，母公司通过全部或者部分拥有该单位占有控制地位和具有影响力的股权而对其实施控制和约束。根据国际惯例，一般拥有子公司股权95%以上的情况都可以称为全资子公司；其他则属于合资子公司。从理论上讲，只有拥有子公司股权50%以上才能够取得对子公司的绝对控制权，但由于公司股权的分散性和投资主体的多元化，一般实际上的控股比例要低于甚至远远低于这个数字。基于研究的考虑，本书所涉及的跨国公司海外子公司既包括非金融类跨国公司海外子公司，又包括金融类跨国公司海外子公司。

1.3.3 跨国公司及其海外子公司竞争优势

尽管企业竞争优势和跨国公司竞争优势理论经过众多学者的深入研究，已经成为较为完善并继续发展的理论体系，然而对企业竞争优势和跨国公司竞争优势概念的界定，学术界的认识还不尽相同。本书在简要梳理有关文献关于企业竞争优势和跨国公司竞争优势概念的基础上，提出本书所界定的跨国公司及其子公司竞争优势概念[①]。

从词义上来看，韦氏英语词典将"优势"定义为一种优越的位置或情形，或者由于某种行为而产生的利益。《新帕尔格雷夫经济学大词典》（约翰·伊特韦尔，1992）将"竞争"界定为"系个人（或集团或国家）间的角逐：凡两方或多方力图取得并非各方均能获得的某些东西

---

① 本部分主要参考了马刚（2005）（马刚：《基于战略网络视角的产业区企业竞争优势实证研究》，浙江大学博士论文，2005年）和刘益、李怀祖（1997）（刘益、李怀祖：《跨国公司竞争优势的识别》，载于《管理工程学报》1997年第2期。）的研究成果。特此致谢。

时，就会有竞争"。据此，企业竞争优势就是在竞争过程中，企业相对于其他企业获得目的性资源所表现出来的优越性状态。

较早提出企业优势概念的奥尔德森（Alderson，1965）强调从企业所处的环境及自身拥有的资源中寻求企业相对优势。霍夫和森德尔（Hofer & Schendel，1978）认为企业竞争优势就是一个企业通过其资源的调配而获得的相对于其竞争对手的独特性市场位势。戴伊（Day，1984）在论述维持竞争优势的战略类型时提出了可持续竞争优势的说法。波特（Porter，1985，1997）在探讨两种获取长期竞争优势的基本竞争战略（低成本和差异化）时，使用了现有的企业可持续竞争优势（SCA）术语，并认为竞争优势是竞争性市场中企业绩效的核心，但波特并没有明确指出企业可持续竞争优势的具体含义，不过我们通过分析可以认为波特的企业竞争优势就是建立在顾客价值创造基础上的高于竞争对手的持久的绩效。安索夫和麦克唐纳（Ansoff & McDonnell，1990）认为企业竞争优势就是企业在产品或市场范围中所具有能为企业带来比其他竞争者更优越竞争地位的特质。戴维·贝赞等在其著作《公司战略经济学》中指出，能够满足消费者需要但同时牺牲了股东利益的公司不会真正具有超过竞争者的优势，而当一家公司获得了超过本行业平均利润的利润水平，该公司就获得了竞争优势。巴尼（Barney，1991）清楚地界定了企业可持续竞争优势的概念，认为当企业实施的某种价值创造战略不能被现有的或潜在的竞争者实施时，企业就有竞争优势，如果同时其他企业也不能复制这种战略利益时，企业就拥有可持续竞争优势。在巴尼概念的基础上，霍夫曼（Hoffman，2000）认为企业可持续竞争优势就是企业通过实施独特战略而获得的持久利益，企业实施的这种独特战略既不能被现实的或潜在的竞争者所实施，也不能被它们复制这种战略利益。

国内对企业竞争优势或可持续竞争优势的概念界定大都建立在上述国外学者研究的基础上，并基于不同的研究目的而提出相应的概念，主要有以下两种代表性提法（周晓东，项保华，2003）：一种观点认为，竞争优势本质上是一种战略优势。所谓优势，是指在市场竞争中，与竞争对手相比，优于对手的竞争地位和竞争实力。所谓战略优势，是指企业较长时期内，在关系到全局经营成败和根本性的方面，所拥有的优势地位和实力。优势地位是指优越的地理位置、优越的产业地位、优越的政策地位，它们是客观条件和历史条件造成的。优势实力是指资源积累情况、资源组合状况和资源的运用状况三个方面。另一种观点主要根据资源基础的企业理论，认为企业竞争优势就是企业优于同行竞争者业绩的出众的获利能力。

在关于跨国公司竞争优势概念的界定方面，由于国内外学者依据的主要是跨国公司理论，考虑的是跨国公司为什么能够进行对外直接投资，虽然"竞争优势"分析是其应有之义，但对于最基本的"何谓竞争优势"这样的概念却忽视了，后来学术界对竞争优势的研究日趋深入，关于跨国公司竞争优势的研究也呈现出百花齐放、百家争鸣的形势，但至今还没有一个被社会各界公认的、权威性的跨国公司竞争优势之定义。在现有国内文献中，笔者也只搜索到刘益和李怀祖1997年在《管理工程学报》发表的一篇文章"跨国公司竞争优势的识别"。在这篇文章中，跨国公司竞争优势是指跨国公司在参与母国、东道国以及第三国市场竞争的过程中，相对于母国、东道国和第三国的当地企业和在这些国家的第三国企业来讲，所具有的相对优势以及在最终竞争市场中跨国公司的产品竞争优势。

纵观上述关于企业竞争优势和跨国公司竞争优势的概念，同时考虑企业竞争优势理论和跨国公司理论关于竞争优势的分析，笔者对跨国公司及其子公司竞争优势的概念分别界定为：所谓跨国公司竞争优势是指跨国公司在参与母国和东道国市场竞争过程中，相对于其他竞争对手获得目的性的、独特的或异质性资源和能力所持续表现出来的优越性市场状态；跨国公司海外子公司竞争优势是指跨国公司海外子公司在参与东道国市场竞争过程中，相对于其他竞争对手获得目的性的、独特的或异质性资源和能力所持续表现出来的优越性市场状态。此概念包含了以下几个方面的特征：

（1）跨国公司及其子公司竞争优势建立在其拥有的独特的或异质性资源和能力基础之上。

独特的或异质性的资源和能力是跨国公司及其子公司竞争优势最主要、最基本的来源。一方面这符合经典企业竞争优势理论和主流跨国公司理论的本质内涵，尤其是在跨国公司理论分析中，几乎所有的跨国公司理论都会不同程度地涉及跨国公司资源优势的分析；另一方面这也能体现出跨国公司子公司竞争优势的相对独立性，即子公司不仅仅是跨国公司母公司"资源的利用者"或"优势的利用者",而且还能成为"资源的贡献者"或"优势的贡献者"。跨国公司及其子公司所拥有的资源和能力的获取可以通过学习和创新等方式得以实现。当然,我们这里指的"资源"是一个相对宽泛的概念,即凡是能潜在地或实际地影响企业价值创造活动的所有事项均被视为资源[①]。它既包括企业自身拥有的有形资源和无形资源,也包括企业能对其施加影响的社会认知资源和网络资源。"能力"则是指企业培育、发展、整合和配置企业资源的各种累计性知识、经验和技能。资源和能力只有相互匹配才能成为竞争优势的源泉。

(2)跨国公司及其子公司竞争优势具有典型的相对性。

这种相对性是相对于参与行业竞争和市场竞争的当地其他企业来讲的。竞争优势的这种相对性限定了跨国公司及其子公司竞争优势的比较范围和比较基础。对于跨国公司子公司而言,还有一个相对于其他子公司在跨国公司内部的竞争优势问题,这里我们一般不涉及此类竞争优势。

(3)跨国公司及其子公司竞争优势的表征在于获得相对于当地竞争对手的持续的市场优越性。

这一特征剔除了那些由于偶然的市场机遇而短期获得市场优越性的情况,同时也反映了作为其基础的"独特的或异质性资源和能力"难以模仿、复制和替代的本质和重要性。

1.3.4 跨国公司社会责任

由于大多数情况下,国内外学者对跨国公司社会责任的概念的理解是由一般企业社会责任的概念推及而来的,而企业社会责任及其内容至今尚未形成一个被普遍认可的定义和标准,这种情况也导致了跨国公司社会责任概念理解的不一致性。纵观国内外学者对跨国公司社会责任概念的理解,不难发现有三个角度:一是从利益相关者的角度来理解跨国公司社会责任,认为跨国公司在创造利润、对股东利益负责的同时,还要承担对债权人、雇员、消费者、供应商、政府部门、本地居民、当地

---

① 郭劲光、高静美:《网络、资源与竞争优势:一个企业社会学视角下的观点》,载于《中国工业经济》2003年第3期,第83页。

社区、媒体、环保主义者等其他利益相关者的责任。由于跨国公司经营环境的复杂性和学者们研究目的和关注焦点的不同，不同的学者在跨国公司利益相关者范围的认定方面存在着明显的分歧。二是从跨国公司生存和发展的空间范围来理解跨国公司社会责任，认为跨国公司社会责任包括跨国公司在母国的社会责任、东道国的社会责任和国际层面的社会责任，但更多的是强调跨国公司在东道国的社会责任，即跨国公司海外子公司社会责任。三是从企业社会责任的内容界定跨国公司社会责任。例如，国外学者卡罗尔（Carroll，2004）就认为跨国公司或全球企业的社会责任应该包括经济责任、法律责任、伦理责任和慈善责任四个方面。国内学者王志乐（2006）认为，跨国公司社会责任主要包括三方面内容：经济责任、社会责任和环境责任。

本书出于研究的考虑，对跨国公司社会责任概念的界定主要基于利益相关者的角度，强调的是跨国公司在东道国的社会责任。故本书把跨国公司社会责任界定为：跨国公司在东道国创造利润、对股东利益负责的同时，还要承担对债权人、雇员、消费者、供应商、政府部门、当地社区、媒体、环保主义者等其他利益相关者的责任。换句话说，也就是跨国公司海外子公司在东道国承担和履行的企业社会责任。这里说的利益相关者指的是广义的利益相关者，即"能够影响公司目标实现，或者能够被公司实现目标的过程影响的任何个人和群体"（Freeman，1984）。出于表述的方便，本书常常把跨国公司社会责任简称为社会责任。

1.4 研究方法、思路与研究内容

1.4.1 研究方法

本研究以资源基础理论、战略管理理论、企业社会责任理论、利益相关者理论、跨国公司社会责任理论、跨国公司及其子公司竞争优势理论、社会网络理论等为基础，因此在研究中遵循了管理学、社会学和统计学的研究方法，主要通过规范分析和实证分析相结合的分析方法对跨国公司社会责任对在华子公司竞争优势的影响进行了研究。

1. 规范分析方法

规范分析中主要运用文献分析、理论归纳和演绎等方法对跨国公司社会责任与在华子公司竞争优势的关系进行了研究。本研究在对国内外有关企业社会责任理论、跨国公司社会责任理论、企业竞争优势理论、跨国公司及其海外子公司竞争优势理论文献进行梳理的基础上，总结出以往文献中理论研究的局限和不足，明晰了本研究的对象、方向和切入视角，然后进一步通过理论归纳和演绎，提出了本研究的理论分析框架和概念模型。另外，本研究在相关概念的界定和测量题项的初步设置方面也是在文献分析、理论归纳的基础上提出的。

2. 实证分析方法

实证分析中主要运用了半结构式访谈、问卷调查和统计分析方法。

半结构式访谈。本研究在大量文献收集、研读二手资料的基础上，首先初步设计了原始的测量指标和测量题项库。之后，笔者通过导师及自身的社会关系，与济南、烟台、青岛三个城市的 7 家在华跨国公司的中高层人员进行了半结构式访谈，使问卷中的测量题项更能贴近企业实践。最后，通过整理访谈资料，对研究中的相关题项进行了重新设计、补充。

问卷调查。问卷调查包括试调查和正式调查两个阶段。首先在文献研究和实地访谈的基础上，初步设计了调查问卷，然后在征求专家意见后，进一步修改了问卷，使问卷测量题项进一步压缩和净化。随后进行了问卷的试调查，根据试调查的结果，调整了部分题项，对问卷进行了进一步的完善。最后进行了正式的问卷调查。问卷的发放与回收经历了三个月的时间，这期间问卷发出 280 份，初步收回的问卷数是 147 份，剔除无效问卷 24 份，有效问卷为 123 份，问卷有效回收率为 44%。

统计分析。利用 SPSS 13.0 统计软件对回收的有效问卷进行描述性统计分析、探索性因子分析、皮尔逊相关分析和多元回归分析，通过实证研究验证规范分析建立的概念模型和假设，修正概念模型，完成规范分析中的理论框架构建。

1.4.2 研究思路

本研究基于管理学、经济学、社会学和统计学等学科基础，应用企业社会责任理论、利益相关者理论、跨国公司理论、社会网络理论等，遵循"文献阅读与评析—理论推演与假设"的规范研究和"问卷设计—抽样调查—统计分析"的实证研究。一方面，从规范研究的角度，通过文献梳理，找出本研究的具体问题并进行理论分析，提出本研究的理论框架和概念模型。本研究以资源基础论为依托，把跨国公司海外子公司竞争优势建立在其所拥有的独特的或异质性的资源和能力这一经典的企业竞争优势本质内涵基础之上，然后通过具体分析跨国公司社会责任与跨国公司在华子公司竞争优势、跨国公司社会责任与跨国公司在华子公司网络、跨国公司在华子公司网络与子公司竞争优势三组变量间的关系，构建了社会责任影响跨国公司在华子公司竞争优势机制的理论框架，以此为基础，进一步建立概念模型和提出建设。另一方面，从实证研究的角度，对概念模型和假设进行检验，通过实证分析结果，修正模型，最后得出本书的结论。本书的研究思路框架如图1-2所示。

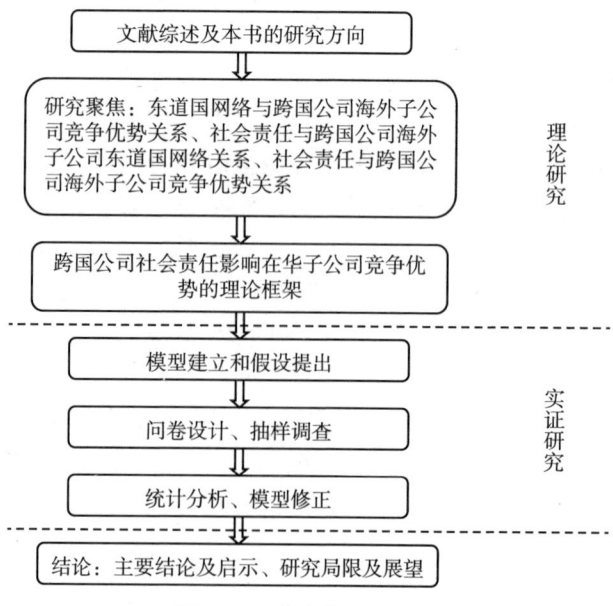

图1-2 本书的研究思路

1.4.3 主要内容

本书各章节的主要内容如下：

第1章：绪论。本章介绍了本书写作的现实背景和理论背景，本书的现实意义和理论意义，对相关概念进行了界定，提出本书的研究方法、研究思路和论文的主要内容，以及可能的创新点。

第2章：文献综述。本章对跨国公司社会责任、跨国公司竞争优势理论、跨国公司海外子公司竞争优势理论以及跨国公司社会责任与跨国公司海外子公司竞争优势的关系等方面的文献进行了较为系统的梳理、分析和归纳，同时进行了简要的评价，在此基础上，提出本书的研究对象和内容。

第3章：社会责任对跨国公司在华子公司竞争优势影响的理论分析。在文献评述的基础上，本章提出了本书的理论框架。首先基于资源观分析了跨国公司海外子公司竞争优势的来源问题，然后围绕东道国网络与跨国公司海外子公司竞争优势关系、社会责任与跨国公司海外子公司东道国网络关系、社会责任与跨国公司海外子公司竞争优势关系进行了具体分析和研究。其中东道国网络特征与跨国公司海外子公司竞争优势的关系、社会责任对跨国公司海外子公司东道国网络的影响是分析和研究的重点。在这三组变量间关系理论分析的基础上，最后提出了本书的理论框架。

第4章：社会责任对跨国公司在华子公司竞争优势影响的概念模型和研究设计。本章提出社会责任影响跨国公司在华子公司的概念模型，对实证研究设计中的问卷设计步骤、量表开发、样本选取和数据收集、统计分析方法等方面进行说明。

第5章：社会责任对跨国公司在华子公司竞争优势影响的实证分析。本章对跨国公司社会责任影响在华子公司竞争优势的机制和路径进行实证分析。通过SPSS统计软件对样本企业进行描述性统计分析、信度和效度检验、相关分析和多元回归分析，以验证第4章在理论分析基础上构建的概念模型和假设成立情况。

第6章：研究结论及未来展望。本章主要总结本书的主要结论及实践启示，研究的局限，并对未来的研究走向进行展望。

1.5 主要创新点

本书的创新之处主要体现在以下三个方面：

(1) 开发并验证了跨国公司在华子公司社会责任测量指标体系。

虽然围绕企业社会责任的实证研究越来越多，出现了众多的、相对成熟的企业社会责任测量指标体系，但是围绕跨国公司社会责任的实证研究却相对滞后，尤其是围绕跨国公司在华子公司社会责任的实证研究更是贫乏，到目前为止，还鲜有人提出跨国公司在华子公司社会责任测量指标体系。从内容上看，跨国公司作为一种特殊的企业形态，其社会责任与一般企业的社会责任没有本质区别。但是从范围上看，跨国公司在多国经营，面临着不同的经济、政治、法律和社会历史、文化背景，其社会责任在不同国家表现具有明显的差异性。这就要求对跨国公司社会责任表现的考量既要考虑跨国公司母国因素和国际因素，更要考虑东道国因素。正如伽马尔（Jamali，2010）所言，跨国公司的企业社会责任尤其是子公司的企业社会责任应该是既受到其母公司的各要素条件的制约，同时又与东道国的要素条件息息相关。本书充分借鉴国内外学者的研究成果，并充分考虑西方文献中评价题项与我国国情的整合问题，将跨国公司在华子公司社会责任分为经济责任、环境责任、法律责任、社会关系责任、慈善责任五个维度，并结合实地访谈，逐步开发了跨国公司在华子公司社会责任测量指标体系，并通过收集的数据对测量题项进行了信度和效度检验。

(2) 基于企业社会责任理论与社会网络理论，提出跨国公司社会责任具有典型的网络效应。

随着实践的发展，虽然国内外理论界对跨国公司社会责任进行了大量的研究，但其研究主要集中于跨国公司社会责任概念、内容与范畴的界定、跨国公司社会责任的驱动因素和影响因素的分析、跨国公司社会责任的一体化与当地化的选择和协调问题、跨国公司社会责任标准问题、跨国公司社会责任的供应链问题、企业社会责任的国别性差异分析等方面，而且这些分析建立在多学科、多视角、多种方法的框架之下。尽管如此，把社会网络理论引入跨国公司社会责任领域的研究还鲜有文献。本书创新性地把企业社会责任理论与社会网络理论结合起来，围绕"跨国公司社会责任能否对跨国公司海外子公司东道国网络产生影响"这一问题进行分析，通过理论归纳和演绎提出跨国公司社会具有典型的网络效应，并通过实证分析，验证了跨国公司在华子公司履行社会责任能够对在华子公司网络的结构特征和关系特征产生明显的影响。

（3）从东道国网络的视角构建并验证了跨国公司社会责任影响在华子公司竞争优势的机制框架。

本书以资源基础论为依托，把跨国公司在华子公司竞争优势建立在其所拥有的独特的或异质性的资源和能力这一经典的企业竞争优势本质内涵基础之上，同时结合企业社会责任理论、利益相关者理论、跨国公司理论、社会网络理论等，具体分析了跨国公司社会责任影响在华子公司竞争优势的机制和路径，构建并验证了跨国公司在华子公司"企业社会责任—东道国网络—竞争优势"理论框架。该理论框架所显示的逻辑是：从资源基础论的视角看，跨国公司在华子公司竞争优势建立在其拥有的独特的或异质性资源和能力基础之上。子公司这种独特的或异质性资源和能力其重要的一个来源就是子公司所在的东道国，而在东道国履行企业社会责任则有利于跨国公司在华子公司资源和能力的扩展，之所以如此，是因为在华子公司履行企业社会责任具有明显的网络效应，在华子公司履行社会责任能够对其网络的结构特征和关系特征产生影响。也就是说，跨国公司在华子公司社会责任通过影响子公司网络，进而影响子公司竞争优势，东道国网络在跨国公司社会责任影响在华子公司竞争优势的过程中发挥了部分的中介作用。

第 2 章 文 献 综 述

遵循紧密相关性,要围绕"论文的主题和假设作为主线来筛选和评述文献"的原则①,本章对跨国公司社会责任、跨国公司及其海外子公司竞争优势理论以及跨国公司社会责任与跨国公司海外子公司竞争优势间的关系三方面的研究成果进行较为系统的梳理、分析和归纳,同时进行了简要的评论,在此基础上,提出并阐明了本书的研究对象和内容。

2.1 跨国公司社会责任研究

相对于学术界对企业社会责任进行的广泛而又深入的研究,专门针对跨国公司社会责任的研究起步较晚,文献数量非常有限(Marne Arthaud – Day, 2005; Rodriguez et al. 2006; Kolk & Van Tulder, 2010)。笔者对 EBSCO 外文期刊数据库的检索(2021 年 9 月 26 日检索,以"Corporate Social Responsibility of Multinational Corporations"或"MNCs' Corporate Social Responsibility of Multinational Corporations"为检索词的精确检索主题)发现,专门研究跨国公司社会责任的文献还不到 90 篇;对中国期刊全文数据库(CNKI)的检索(2021 年 12 月 7 日检索,以"跨国公司社会责任"为检索词的精确检索主题)发现,国内关于跨国公司社会责任的文献虽然较多,达到了近 430 篇,但学术性的文献相对较少。从现有文献看,对跨国公司社会责任的研究主要集中于概念、范围、驱动因素、影响因素、履行问题等方面。

---

① 李怀祖:《管理研究方法论》,西安交通大学出版社 2004 年版,第 301 页。

2.1.1 跨国公司社会责任的概念、内涵及范畴的研究

纳尔（Naor，1982）是较早的一位界定跨国公司社会责任概念的学者，他基于对一国企业社会责任概念的界定，然后推及跨国公司社会责任，认为跨国公司社会责任就是满足东道国公众的社会需求，其结果导致公共福利增加。"进行跨国经营活动的公司其商务活动的主要目的就是为所在经营国提供一种满足民众社会性需求的方式，这种需求满足将提高短期或长期的公共福利。从而那些其国际商务活动能提高这种公共福利的公司将会在所有经营市场上以社会责任的方式行事"[①]。

杰伊·劳克林和穆罕默德·巴德鲁尔·阿赫桑（Jay Laughlin & Mohammad Badrul Ahsan，1994）基于营销理论和社会学理论中彼得·布劳（Peter Blau）的交易结构主义学说，构建了一个跨国公司在第三世界国家的社会责任模型。该模型显示出，交易开始于交易一方或多方的观念认知，对交易的认知导致各方沟通行为的产生，进而导致对交易利益的共同认知，从而产生实体交易行为的发生。尽管交易过程发生在行为层面上，但交易各方所独有的认知层面是市场交易体系的一大特色。该模型从市场营销的角度，为如何识别和判断跨国公司社会责任行为，为跨国公司社会责任交易行为的发生提供了一个战略性分析框架。

罗格斯顿和伍德（Logsdon & Wood，2002）从政治学的角度出发，遵循他们将公民权从个人扩展到公司的理论分析框架进行了深入的推演，认为跨国公司社会责任具有"全球一体化"导向的社会责任和"多国国内"导向的社会责任，并从公司战略管理的角度提出了一个企业社会责任"混合战略"模式，这个模式既要求公司保证人类的基本权利和义务（英文称为"hypernorm"，笔者译为"超规则"），又允许公司在遵守"超规则"的前提下包容不同地区、不同文化的差异。在"超规则"空白或不完整的所谓"道德真空"地带，公司可以创造性地开展增进社会公平的"试验"，并通过不断学习成为在全球经营中行动一致的全球公司公民。

卡罗尔（Carroll，2004）根据早期的研究成果，构建了一个全球企

---

① Naor, J., A New Approach to Multinational Social Responsibility. *Journal of Business Ethics*, Vol. 1, 1982, pp. 220.

业社会责任金字塔模型（见图2-1），认为跨国公司或全球企业同样应该承担四方面的责任：经济责任、法律责任、伦理责任和慈善责任。全球 CSR 金字塔模型表明，跨国公司应该在以下四个方面做出努力：(1) 努力赚钱；(2) 遵守东道国的法律和国际法律；(3) 在经营中要具有道德性，要考虑东道国和全球的道德标准；(4) 做一个好企业公民，特别是要做一个东道国所期望的好企业公民。

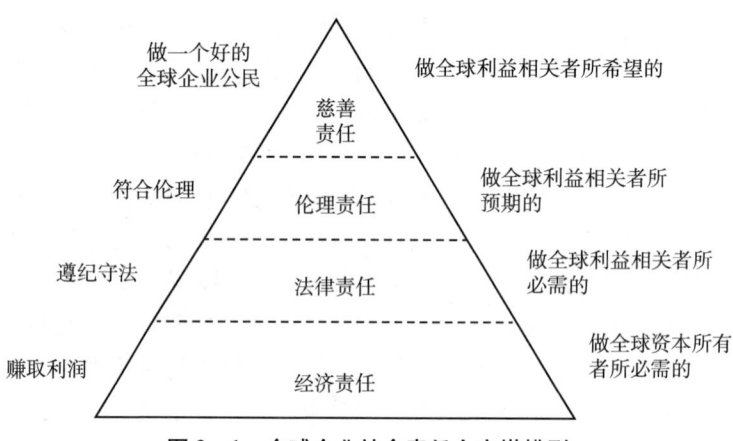

图 2-1　全球企业社会责任金字塔模型

资料来源：Carroll, A. B., Managing Ethically with Global Stakeholders: A Present and Future Challenge. *Academy of Management Executive*, Vol. 18, No. 2, 2004, pp. 116.

马恩·阿萨德（Marne Arthaud-Day, 2005）为便于跨国环境中企业社会责任的实证研究，基于巴特莱特和葛歇尔的跨国公司战略模式、联合国《全球公约》中企业社会责任的三个领域以及泽尼斯克（Zenisek, 2007）对企业社会责任三个视角的分析，提出了一个跨国公司社会责任"三维模型"（见图2-2）。这"三维"分别为：一是战略导向，即多国国内战略、全球战略、国际化战略和跨国战略，它强调了 CSR 一体化和当地化反映的冲突；二是内容维度，即人权、劳工和环境问题；三是视角维度，即认识层面（公司内部）、社会层面（公司外部）和操作层面。这三个维度构成的多层次模型框架有利于跨国公司社会责任进行多方法分析，该作者认为现存的跨国公司社会责任文献都可以通过该模型的不同维度进行识别，并能在模型矩阵中找到相应的位置。

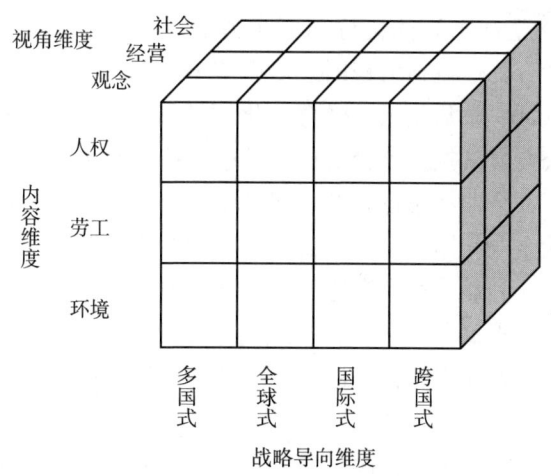

图 2-2 跨国 CSR 三维模型

资料来源：Marne L. Arthaud-Day, Transnational Corporate Social Responsibility: A Tridimensional Approach to International CSR Research. *Business Ethics Quarterly*, No.1, 2005, pp.8.

亨菲尔和里尔维克（Hemphill & Lillevik，2011）在分析了联合国《全球经济伦理宣言》的主要内容及其与联合国全球契约内容的互补性关系基础上，认为它们为明确地帮助跨国公司的行政管理层和董事会在应对与全球资本主义扩张有关的道德失败以及互补性市场和机构失灵问题的批评方面提供了伦理基础，跨国公司越来越多考虑采用联合国全球契约和全球经济伦理宣言，并了解如何将后者融入贯彻于公司的日常经营中。尤其是，执行这些政策和道德框架是自愿性的，而不是跨国公司必须接受和实施的强制性框架，因此接受这些政策和道德框架的决定必须来自执行管理层和董事会，以及来自有影响力的利益相关者（包括国家政府、地方社区、劳工运动/人权组织）。其他诱因可能包括一系列外部机制，包括经济激励、监管和对企业声誉的战略关注。在此基础上，该作者从跨文化价值体系、国家商业体系、组织领域、组织本身及组织内个体构建方面提出了五阶段跨国公司社会责任驱动模型。

国内对于跨国公司社会责任的研究中都不同程度地涉及跨国公司社会责任概念及范畴。

刘恩专（1999）认为，跨国公司的社会责任是指企业决策涉及的与传统经济和技术事务有关的行为、对来自内部的人员与组织压力所采取的应对行动、对政府法律法规和相关政策的反应、对外部利害关系集团的反应、企业自愿的社会行动五个方面。葛顺奇和李诚邦（2003）将跨国公司社会责任概括为跨国公司运营于其中的五种关键领域：经济领域、技术领域、政治领域、社会文化领域和自然领域。俞毅（2006）认为，跨国公司直接投资社会责任，是指在特定的法律框架、社会规范与经营环境下，企业在履行其基本经济职能、创造利润、对股东利益负责的同时，从企业长期利益与利益相关者的群体出发，采取符合东道国社会目标与公众利益、适应东道国社会变化的各种行动方案，为东道国社会整体福利的提高做出贡献。王志乐（2006）认为，跨国公司社会责任主要包括三方面内容：经济责任、社会责任和环境责任，被称之为跨国公司的"三重底线"，即跨国公司不可逾越的行为标准。崔新健（2007）根据跨国公司生存空间的性质分类，认为跨国公司社会责任有广义与狭义之分：广义的跨国公司社会责任是由跨国公司母国的社会责任、跨国公司东道国的社会责任、跨国公司国际层面的社会责任三个不同但相关的概念构成；狭义的是特指跨国公司在东道国的社会责任。郝云宏、唐海燕和胡峰（2008）认为，在由母子公司构成的国际经营体系下，跨国公司社会责任的概念至少存在于三个层次：其一，跨国公司国外子公司作为独立法人和东道国居民，需要在东道国法律和社会规范下承担社会责任；其二，跨国公司的子公司作为一个整体不具有法人资格，其政治和社会身份总是同总部所在国联系在一起，因而母公司在实施全球化管理中，就需要有一种超越本国价值观念的、适用于多文化背景的整体社会责任观念，以此来指导、管理或约束分布于全球的子公司的社会责任方案；其三，对通过少数股权或非股权安排而实际纳入了跨国公司体系的企业，跨国公司也有责任去关注、监督和管理其在安全、环境、劳资等方面的做法。具体而言，跨国公司承担的企业社会责任包括发展责任、社会政治责任、环境保护、就业和劳动关系、确保竞争并避免限制性业务经营、消费者保护、公司治理、腐败、财务报告和披露要求、尊重人权。张乾友和赵钰琳（2021）认为，在过去几十年以市场化为导向的公共部门改革与经济全球化的双重作用下，目前企业无论在国家还是国际层面都已成为重要的治理主体，企业治理角色的变化使企业承担社会责任的内容和范围更加规范，作为企业代表的跨国公司，在很多时候承担起了国际经济活动的制度建设及监督执行的责任，逐渐接管了民族国家在跨国情境下难以履行的对公民身份中公民要素的保护职责，企业不仅越来越多地为本国公民提供公共产品和服务，更成为除联合国与国际基金会外，为欠发达国家和地区提供公共服务和援助的重要主体。跨国公司越来越多地承担着在与劳动者的关系中保护弱势群体的责任、对其供应链上其他市场主体不法生产行为的监管责任以及参与全球治理体系建设的责任（王长义，2011；Nader Asgary & Gang Li, 2016；Chen Stephen, 2018）。

通过对以上文献的梳理，我们不难看出，国内外学者对跨国公司社会责任的概念、内涵和范畴的界定一般可归纳为三个角度：从利益相关者的角度来理解跨国公司社会责任；从跨国公司生存和发展的空间范围来理解跨国公司社会责任；从企业社会责任的内容界定跨国公司社会责任。由于很多情况下，跨国公司社会责任的概念是由一般企业社会责任的概念推及而来的，而企业社会责任及其内容至今尚未形成一个被普遍认可的定义和标准，这种情况也导致了人们对跨国公司社会责任内容认识的不一致性。笔者认为，由于跨国公司面临着一个复杂的政治、经济、制度和社会环境，面临着更多更广的利益相关者，再加上企业社会责任至今尚未形成一个被普遍认可的定义，这种种因素影响到跨国公司社会责任概念、内涵及范畴的界定，使跨国公司社会责任的界定处于一种多学科、多角度的模糊和混乱的状态。虽然如此，出于理论服务于实践的需要以及概念应用性的考虑，对跨国公司社会责任概念的理解和把握，有三点应值得我们注意：其一，跨国公司社会责任愈益引起人们的高度关注，多数情况下和跨国公司海外子公司在东道国的经营所产生的问题有关，所以对跨国公司社会责任概念的界定，更应该考虑跨国公司在东道国的社会责任，即跨国公司海外子公司的社会责任，这是涉及跨国公司社会责任适用性的一个非常重要的问题。其二，作为一种普遍的、集团内部的组织行为，跨国公司社会责任不可避免地涉及跨国公司母公司和海外子公司在此方面的协调问题，即跨国公司是实施全球一体化的公司社会责任还是实施当地化的公司社会责任，这反映出跨国公司社会责任的普适性和特殊性，跨国公司应基于平衡的原则需要在这方面进行有效协调。其三，作为一种组织行为，作为公司决策的结果，跨国公司社会责任越来越和公司的生产经营活动联系在一起，越来越体现为一种商业行为，从而，跨国公司社会责任成为跨国公司经营战略的重要组成部分，这反映出跨国公司社会责任的内涵是动态变化的，我们理解跨国公司社会责任必须考虑这一重要特征，必须注意跨国公司社会责任的战略价值和它对跨国公司竞争优势的影响。

2.1.2 跨国公司社会责任的驱动因素研究

跨国公司为什么要履行企业社会责任？除了工具性观点分析的经济动因外，应对外部的压力、对外部监管的替代等也是学者们研究跨国公司社会责任驱动因素关注的焦点。

在关于跨国公司为何实施自愿行为守则的动因时，有学者指出，活动主义分子的压力和社会公众对全球化对环境产生不利影响的指责，以及东道国出现的违反人权、过低的劳工待遇导致跨国公司自愿参与和实施一系列标准以对自己的社会行为进行自我监管（Christmann & Taylor, 2002；Radin, 2004）。罗斯·阿奎莱拉等（Ruth Aguilera et al., 2007）认为，企业之所以从事社会责任迫于多方面的压力，每一方面都受工具性、关系性和道德方面的因素的推动。该作者提出的多层次企业社会责任理论框架，是基于微观（个体）、中观（组织）、宏观（国家）、超宏观（跨国）等四个层次，来分析企业从事社会责任活动的推动力。

还有人认为，企业社会责任是对外部监管的替代[①]。跨国公司愈益在企业社会责任项目上添加一些原则宣言，并把这些原则宣言作为强有力的工具，以降低其他形式的对企业活动的监管需求。跨国公司已经多次表达了它们对公共介入企业社会责任的敌意，这包括它们谴责联合国的公开干预行为，这种干预体现在联合国制定的《联合国跨国公司责任规范》。不仅仅公共监管，对公司的诉讼由于可能对企业战略形成了挑战，因而也可以解释企业经理们对企业行为守则的愈益感兴趣。人们对1789年《涉外侵权行为诉讼权法案》（Alien Torts Claims Acts）的重新发现使它成为在世界范围内起诉企业行为的一种工具。这样跨国公司愈益面临着被起诉的风险，而采纳CSR守则成为逃避诉讼的一种方式。

在解释跨国公司实施自愿行为守则方面，朱利安·莱维斯（Julien Levis, 2006）则认为社会责任是企业的一种行为过程，企业的内部机制

[①] Julien Levis, Adoption of Corporate Social Responsibility Codes by Multinational Companies. *Journal of Asian Economics*, Vol. 17, 2006, pp. 50-55.

促使跨国公司实施社会责任：（1）价值观：组织常常形成具有自己特色的价值观，并且组织的价值观常受组织成员价值观的影响。组织的决策程序不但体现了组织的规章制度，而且也体现了组织的一系列基本信念。（2）声誉：出于对企业声誉和自己的保护促使经理们实施企业社会责任守则。（3）同型性和同行/合作者的压力：模仿或更准确地说"同型性"解释了许多跨国公司实施企业社会责任守则向其他的跨国公司发出了一个信号，即其他跨国公司也应该有类似的行为。另外，企业也有可能屈从于同行的压力，或合作者的压力而实施企业社会责任守则。

迈尼昂和拉尔斯顿（Maignan & Ralston，2002）认为，跨国环境中企业社会责任的发生有着重要的制度因素。他们通过对100个企业对企业社会责任的公开承诺的分析，发现有三个方面的动机使企业报告社会责任活动：（1）企业经理们自身重视这种行为；（2）经理们相信，社会责任能增强企业财物绩效；（3）主要的利益相关者——社区团体、消费者、监管者，向企业施压要求其履行社会责任。

莫明和帕克（Momin & Parker，2013）通过整合合法性理论（LT）和新制度理论（NIT）的解释，采用案例研究方法并使用定性数据，研究了跨国公司子公司在孟加拉国履行企业社会责任的驱动因素，发现对内部合法性的渴望成为跨国公司子公司实施企业社会责任的主要动机，特别是，孟加拉国子公司的外部东道国环境似乎是跨国公司子公司企业社会责任发展的主要限制因素。基玛等（Kima et al.，2018）运用利益相关者影响和制度二重性的观点，考察利益相关者对外资子公司企业社会责任实践的影响，研究发现跨国公司子公司自愿或在东道国各利益相关者的压力下参与企业社会责任活动，以维护和增强其在东道国的合法性。

2.1.3 跨国公司社会责任的影响因素研究

跨国公司社会责任的影响因素众多，通过梳理国外有关研究文献，发现组织特征、企业领导者及管理层、制度文化三个方面的影响相对较为明显。

一是跨国公司组织特征对其社会责任的影响。跨国公司的组织特征，如公司规模、行业特性、财务状况、组织战略、母子公司关系、公司治理结构等都会对跨国公司社会责任产生影响。跨国公司规模的大小对企业社会责任感的实现具有显著的正向促进作用，特别是对企业的社会责任信息披露情况具有显著影响，规模较大的公司一般更加公开透明，更容易成为全社会关注的焦点，更具有良好的企业社会责任表现（Maruffi & Petri，2013）。一般而言，具有较高公众知名度，且对环境具有较大影响力的跨国公司，相较于其他同行，将会公开更多的企业社会责任信息。财务状况对跨国公司社会责任感也具有重要影响，那些具有较高负债率的跨国公司一般都会被要求在企业年报中公开企业与债权人之间的相关信息，进而维持企业资本结构的稳定性，从而降低企业的资本运营成本。资本市场的规律性特征显示，一个公司的负债率越高，代表其股权的资本就越少，且更加容易集中于少数股东，从而导致企业履行社会责任的弱化。从跨国公司组织战略看，不同跨国公司的公司组织战略对其企业社会责任的实施有不同的影响。布莱恩·赫斯特和戴维·艾伦（Bryan Husted & David Allen，2006）分析了全球社会责任和当地社会责任与国际组织战略的关系。该作者把巴莱特和葛歇尔的组织战略分析框架应用于企业社会责任领域，论述了跨国公司应当对全球一体化的竞争压力和当地主要利益相关者的响应都要做出反应，实证研究显示，不同类型的跨国公司都很看重全球性社会责任问题（如环境社会责任），然而实行多国国内战略和跨国战略的跨国公司相对于实行全球一体化战略的跨国公司更强调特定国家的企业社会责任（即当地企业社会责任），反映了企业社会责任服从跨国公司的不同的产品—市场组织战略。在母子公司关系对跨国公司社会责任的影响方面，艾伦·穆勒（Alan Muller，2006）对欧洲七大汽车公司在墨西哥的子公司的企业社会责任活动和子公司自治权的关系进行了实证研究。作者的实证是想发现这些子公司是否采纳了"欧洲"的企业社会责任标准以及对企业社会责任实施标准的采纳是否更可能受母子公司关系的影响。实证结果显示，对于像墨西哥这样的社会责任较低水平的国家，具有高度自治权的子公司一般更能积极地在当地从事企业社会责任活动，但一个有趣的现象是，在自治性子公司中，主动的社会责任战略的实施却非常明显地与母国和国际政策相一致，而不是与东道国的环境亦步亦趋。子公司从事积极的社会责任活动的主要动力看来并不是对当地环境的反应，而是来自母公司企业社会责任的远景目标。这也表明，子公司自治并不一定与公司总部形成冲突，特别是涉及公司信念和目标时更是如此。此外，董事会结构、公司治理、母子公司关系等因素也会对跨国公司社会责任产生一定的影响。韩松姿范和贤恩川（Hanh Thi Song Pham & Hien Thi Tran，2019）研究了董事会模式（分为两级模式与一级模式）和董事会独立性（用独立董事在董事会中的比例衡量）对跨国公司企业社会责任披露的影响，发现董事会模式对跨国公司的企业社会责任披露有显著的积极影响。实施两级董事会的跨国公司比一级董事会的跨国公司更倾向于披露更多的企业社会责任信息。研究结果还证实了董事会模式对董事会独立性对企业社会责任披露的影响有显著的调节作用。董事会独立性对两级跨国公司的企业社会责任披露有显著的影响，但结果不支持董事会独立性对所有类型公司（一级和两级董事会）的 CSR 披露的影响。图尔汗和埃拉尔普（Turhan & Eralp，2020）研究跨国公司治理结构对企业社会责任实践的影响时发现，董事会独立性和董事会规模与企业社会责任实践密切正相关，董事会独立性越强，董事会规模越大，跨国公司社会责任实践越明显。

二是跨国公司领导者及管理层对企业社会责任的影响。涉及多个方面，最为重要的就是个人价值观取向，跨国公司领导者的价值观会进一步影响企业的道德环境。与其他形式的商业组织一样，跨国公司是在法律上具有法律地位的法人实体。然而，由于管理跨国公司的领导者代表这些组织做出了所有重要决策，因此，领导者在跨国公司如何参与企业社会责任方面起着至关重要的作用，领导者是跨国公司企业社会责任的实际驱动者。米斯拉和施密特（Mishra & Schmidt，2018）研究了跨国公司领导者态度和价值观对企业社会责任的影响，认为如果公司领导者对企业社会责任没有良好的态度，任何组织都不可能实现企业社会责任，只有真正相信企业社会责任的价值，领导者才会致力于企业社会责任，对于跨国公司而言，领导者的态度和行为会显著影响任何跨国公司实施企业社会责任的程度和性质。拉赫贝克和彼得（Rahbek & Peter，2009）研究了跨国公司管理层对企业社会责任认识、处理原因及其在日常实践中的整合，认为管理层对企业社会责任的认识具有很大的异质性，管理者对企业社会责任认知的一致性和不一致性影响企业社会责任的表现。

三是制度文化对跨国公司社会责任的影响。众多研究表明，企业社会责任由于企业所属国家或区域的不同，也会呈现出巨大的差异，这反映出制度文化会对跨国公司社会责任产生影响。有些学者（Maignan，2001；Maignan & Ferrell，2003）分析了一国制度和文化对企业社会责任的影响。约翰·坎贝尔（John Campbell，2007）则从比较政治经济学和制度学的视角探讨了影响企业社会责任发生的制度性因素，认为经济条件，尤其是企业和整体经济状况，以及企业所面临的竞争水平，将影响企业的社会责任行为，而许多制度因素却能居间促进这些基本经济关系的实现。企业越面临强有力的政府监管、共同的产业自我监管、监督企业的非政府组织和其他独立组织的存在，以及鼓励企业社会责任行为发生的规范的制度环境，企业越有可能以社会责任的方式行事。而且，企业如属于产业协会或员工协会的成员，以及与利益相关者建立起制度性的对话机制，企业社会责任行为越有可能发生。洪克等（Honke et al.，2008）的研究结果显示，东道国的政府立法和全球与当地环境标准的支持者是影响跨国公司在南非履行社会责任的重要因素。维格和科尔斯塔德（Wiig & Kolstad，2010）研究了东道国经济制度对跨国公司在安哥拉社会责任行为的影响，发现从安哥拉当局取得合同和执照是影响跨国公司在东道国履行社会责任的主要影响因素。肖红军（2014）以在中国大陆跨国公司为对象，实证研究发现经济制度距离与文化制度距离对跨国公司在东道国的社会责任表现具有消极影响。当母国的法律制度质量明显异于东道国时，法律制度距离对跨国公司在东道国的社会责任表现具有积极影响。进入模式对法律制度距离和文化制度距离与跨国公司在东道国的社会责任表现之间关系具有负向调节作用，跨国公司在东道国的经营经验对法律制度距离与其在东道国的社会责任绩效之间关系具有负向调解作用。利乌等（Liou et al.，2021）研究了文化制度因素对新兴市场跨国公司企业社会责任的影响，通过研究新兴市场跨国公司在美国的收购样本，作者发现新兴市场跨国公司的母国文化产生了"印记"效应，使其收购后的企业社会责任得以实现或不得以实现：不确定性回避和权力距离与新兴市场跨国公司的企业社会责任表现改善正相关，而个人主义与企业社会责任表现改善负相关。

2.2 跨国公司及其子公司竞争优势理论研究

2.2.1 跨国公司理论研究

国外对跨国公司的研究开始得很早,但真正的跨国公司理论却出现于 20 世纪 60 年代,1960 年美国学者海默(Stephen H. Hymer,1960)在其博士论文《民族企业的国际化经营:一项对外直接投资的研究》(*International Operational of National Firms: A Study of Direct Foreign Investment*)中系统地阐述了企业对外直接的动机和实现的可能性问题,在经过金德伯格(Charles P. Kindleberger,1969)进一步发展和完善后,现已经成为经典的跨国公司理论,这就是著名的海—金传统(Hymer - Kindleberger Tradition),或称为垄断优势理论。此后,出现了大量的、丰富的国内外跨国公司理论研究成果,这些研究成果从学术渊源或其基础看,可分为以国际贸易理论为基础的跨国公司理论,以产业组织理论为基础的跨国公司理论,以及以企业组织和战略理论为基础的跨国公司理论三大体系;根据研究对象的不同,有基于发达国家和地区的跨国公司理论和基于发展中国家和地区的跨国公司理论;根据研究视角的不同,有基于交易费用、资源、需求、区位与集群、信息和网络技术、国际创业、学习等视角的跨国公司理论。随着以梅里兹(Melitz,2003)和伯纳德(Bernard et al.,2003)为代表的异质性企业贸易理论的提出,学者们利用其对跨国公司对外直接投资行为的分析,基于企业异质性视角解释跨国公司对外直接投资行为成为跨国公司理论研究的一个新热点,学者们从国际化路径、投资方式、投资动机等方面提出了异质性跨国企业国际直接投资(FDI)行为的一系列理论研究成果。

在国际化路径研究方面,赫普曼等(Helpman et al.,2004)从企业异质性视角解释了进行国际化经营的企业在出口与对外直接投资方面的抉择，并建立了 HMY 模型①，提出企业的国际化经营会随着企业生产率的降低依次选择对外直接投资（OFDI）和出口的方式，而生产率最低的企业则通常只能服务于本国市场（Marti et al.，2015；Tian et al.，2020）。巴塔查里亚等（Bhattacharya et al.，2012）在 HMY 模型的框架中引入了服务产品的特性，对软件服务业中企业的出口与 FDI 抉择进行了分析，发现生产率最高的服务企业从事出口；生产率较低的企业进行 FDI。拉蒙多等（Ramondo et al.，2013）通过构建一个多国的一般均衡模型，将单位生产成本的不确定性引入异质性企业出口与 FDI 的抉择中，对 HMY 模型进行了拓展，发现在目的国拥有较高的市场需求和工资水平的假设下，若母国与目的国的单位生产成本呈现负相关关系时，出口企业面临母国较低的单位生产成本和目的国较高的市场需求，此时生产率较高的企业会选择出口方式；若目的国的单位生产成本的波动性越大，此时生产率较高的企业也会选择出口方式。

在投资方式研究方面，诺克和耶普尔（Nocke & Yeaple，2007）对异质性跨国企业的绿地投资与跨境并购抉择进行了分析，发现当一些能力在国际间流动性降低时，跨国企业更倾向于选择跨境并购方式，在企业异质性主要由其流动能力（不可流动能力）导致的行业中，生产率较高（较低）的跨国企业会选择跨境并购方式。斯特潘尼克（Stepanok，2012）在迪克西特－斯蒂格利茨框架（Dixit – Stiglitz Model）中分析异质性跨国企业绿地投资和跨境并购的抉择时，发现两国在地理上越接近，运输成本越低，导致一国跨国企业在另一国建立附属公司的固定成本越低，越倾向于选择绿地投资方式。斯皮洛特（Spearot，2012）则考虑了产品需求结构在企业跨境并购与绿地投资抉择中的作用，通过构建异质性企业的投资模型，分析了跨国企业在新投资和并购中的抉择，在均衡时，发现产品的需求结构影响跨国企业的投资决定：若差异性产业中的产品种类是不完全替代的，中等生产率水平的跨国企业会选择投

---

① HMY 模型指的是 Helpman，Melitz 和 Yeaple（2004）三位学者提出的以企业异质性解释企业国际化路径选择的理论分析框架。该模型以 Melitz（2003）和 Bernard et al.（2003）为代表的异质性企业贸易理论为基础，将异质性企业贸易理论的核心观点——企业异质性纳入企业"临近－集中权衡"的分析框架中，在垄断竞争市场条件下以及 CES（Constant Elasticity Substitution）效用函数和冰山贸易成本的假设下，从企业异质性视角解释了进行国际化经营的企业在出口与对外直接投资间决策选择问题。（见：Helpman E.，Melitz J.，Yeaple S. Export Versus FDI with Heterogeneous Firms. *The American Economic Review*，No.1，2004，pp. 300 – 316.）

资；若产品种类是完全替代的，高生产率水平的跨国企业会选择投资。在上述两类跨国企业投资的情况下，生产率最高的跨国企业会选择并购形式。

在投资动机研究方面，松浦和早川（Matsuura & Hayakawa，2012）在 HMY 模型中纳入了跨国企业的垂直型对外直接投资（VFDI）行为，在 CES 效用函数和垄断竞争市场的假设下，将企业的国内生产、水平型对外直接投资（HFDI）、VFDI 三种生产方式置于一个分析框架中，解释了企业在上述三种模式中的抉择。研究发现，生产率较高的跨国企业选择 HFDI 或 VFDI 方式，而生产率较低的企业在国内生产；在贸易成本较低（较高）的情况下，生产率较高的跨国企业选择 VFDI（HFDI）方式；母国与东道国工资水平差异较大（较小）时，跨国企业倾向于选择 VFDI（HFDI）方式。王方方和杨志强（2013）在 CES 效用函数假设下构建了一个扩展的三国模型，发现生产率最高的企业选择水平型 FDI，生产率次之的企业选择出口平台型 FDI，而生产率较低的企业选择贸易引致型 FDI。

2.2.2　跨国公司竞争优势研究

综观跨国公司理论发展[①]，我们不难发现，优势分析是跨国公司理论的核心内容之一。垄断优势理论、内部化理论和国际生产折衷理论等传统的跨国公司理论均强调了拥有所有权优势、内部化优势或区位优势是跨国公司对外直接投资的前提。随后的资源基础理论、组织学习理论和动态能力理论等，也均从各自不同视角提出了跨国公司如何树立和培育竞争优势。整体看，学者们近年来对跨国公司竞争优势的研究主要体现为：跨国公司竞争优势的来源、识别、构建、培育和演化等方面[②]。

[①]　人们一般把主要产生于 20 世纪 60~70 年代，以发达国家和地区为研究对象的跨国公司理论称为传统的主流跨国公司理论，把稍后出现的以发展中国家和地区为研究对象的跨国公司理论称为非主流的跨国公司理论，把 20 世纪 80~90 年代之后出现的理论称为跨国公司新理论或当代跨国公司新理论。这些不同阶段的理论都不同程度涉及跨国公司竞争优势的问题。

[②]　肖鹏、王爱梅：《跨国企业竞争优势的研究现状与未来展望》，载于《长春大学学报》2018 年第 9 期。

1. 跨国公司竞争优势的来源

（1）营销网络成为跨国公司竞争优势的来源之一。进入21世纪之后，很多学者的研究表明，跨国公司竞争优势主要来源于营销网络。伴随着信息时代的来临，营销渠道中的电子商务渠道获得了发展，电子商务使跨国企业重构价值链，增进了跨国企业与下游客户间的联系，增多了其在全球范围内的客户，巩固了跨国企业的全球竞争优势，进而"渠道策略"的创新成为企业竞争优势来源的关注重点。帕特里克·巴特尔等（Patrick Barthel et al.，2007）回答了跨国企业的可持续发展是否是营销问题的提问，认为可持续发展意味着营销方式向更负责任的方向发展，主要侧重于将可持续发展的价值转化为可能带来持久竞争优势的客户利益。丁轩等（2005）认为，企业应该考虑费用、资本、控制、市场覆盖度、特点及连续性六个方面，并提出企业可以通过供应链的再造、代理商的选取、渠道关系的经营和网络系统的运用等方面进行渠道创新。王文超（2015）认为，营销动态能力是企业随市场环境变化进行创新和调整，以更好满足市场需要的一种能力，其对企业的市场竞争优势有直接的影响，并在营销动态能力的基础上，以顾客价值为中间变量，构建了基于营销动态能力的市场竞争优势模型。

（2）资源作为跨国公司竞争优势的重要来源。根据资源基础理论，企业是由特定资源和能力所构成的集合体，资源和能力可以在其中被转移和创造。将这一观点运用到企业的跨国经营之中，那么，跨国公司就是由分散在若干区位的特定资源和能力所构成的、可以在其中进行资源和能力创造和转移的资源网络集合体。根据这一观点，跨国公司竞争优势来源于对海外经营区域内资源和能力的获取、跨国公司内部的资源的转移和创造等方面[①]。资源作为跨国公司竞争优势的重要来源普遍取得了认同。其中，东道国共享性高级资源成为竞争优势的来源之一。然而，孙新华（2007）认为，对东道国共享性高级资源的选择还未形成完整的理论架构，有必要对跨国公司如何通过东道国共享性高级资源来获取竞争优势的机理展开更深入的研究。就资源的实质与虚化而言，组织文化作为虚拟化资源，特别是跨文化管理，就是将跨国公司与当地企

[①] 葛京、杨莉、李武：《跨国企业集团管理》，机械工业出版社2002年版，第79页。

业交流文化理念并达到互融来提升自身的国际竞争优势。此外，人力资源是企业文化资源中无法替代的资源，艾茨贝尔·勒特森迪（Aitziber Lertxundi，2008）认为，评估人力资源管理系统的效率具有很大价值，可以将人力资源系统作为竞争优势的来源。跨国经营能力的展现需要资源的依托，资源是竞争优势的基础，无论是东道国的物质资源、母国与东道国之间的共享高级资源，还是企业文化资源，都会影响到跨国公司的全球竞争优势。

（3）子公司成为跨国公司竞争优势的来源。随着学者们研究的深入，对于跨国公司竞争优势来源的分析逐渐拓宽到子公司的视角。子公司所处东道国资源优势的存在有助于跨国公司对资源进行优化配置，进而影响与子公司相关的资源决策（Phene et al.，2008）。子公司积累的能力和专长能够成为跨国公司的知识基础并为跨国公司创造价值，从而推动整个跨国公司的发展（Almeida et al.，2004）。国外学者越来越强调子公司创新能力对跨国公司竞争优势的影响。拉姆·穆达比（Ram Mudambi et al.，2007）认为，随着跨国公司转向利用外国子公司研发产品，母子公司是全球创新的最有效的组织结构。因为外国子公司的创新是跨国公司竞争优势的关键来源，了解总部如何管理其外国子公司，以促进产品市场的创新，是一个基本全球战略研究问题（Cantwell & Mudambi，2005；Mudambi et al.，2014；Ciabuschi et al.，2017）。由于跨国公司的活动分散在不同的外国地点，外国子公司越来越被视为创新的驱动力，尤其是在跨国公司内部，子公司在东道国产生的本地产品创新在整个跨国公司组织网络中发挥着杠杆作用（Mudambi & Swift，2014；Monteiro & Birkinshaw，2017）。跨国公司的成功通常与其在地理位置分散的子公司中为开发新产品创造知识的能力有关（Phene & Almeida，2008）。跨国公司海外子公司的产品创新非常重要，需要公司管理者采用适当的模式将子公司结构安排、知识连通性和背景条件结合到产生创新产品的配置中（Andrews et al.，2021）。国内学者任胜钢等（2004）跳出对单个企业分析的视角而深入企业群体中研究，提出集群中体现的网络优势是跨国公司关键的战略性区位优势，进而指出集群内子公司是跨国公司竞争优势的源泉之一。子公司的特定优势作为一种新生优势，其产生与成长历程值得剖析。蒲明和毕克新（2019）认为，子公司成长不仅意味着子公司绩效和竞争力的提高，也能够促进东道国的经济发展，还能够为跨国公司贡献竞争优势，促进跨国公司演化。

2. 跨国公司竞争优势的识别

刘益等（1997）基于对现有跨国公司理论和竞争优势理论的研究和借鉴，提出对跨国企业竞争优势分层识别的思想，即从跨国企业参与母国、东道国和第三国市场竞争的视角来分析跨国企业在最终产品竞争市场的竞争优势及影响因素。此后，王连森等（2009）也突破了以传统理论识别竞争优势的方法，建立了竞争位势的数学模型，对影响竞争位势变动的各因素分别从资源域和环境域进行分析，提出子公司竞争优势来源因素的判断标准。两位学者分别用理论和模型的方法对竞争优势的影响因素进行识别，后者研究的是子公司在东道国的资源和环境下竞争优势的来源，可以引入前者的思想，从母国、东道国和第三国市场三个角度来研究和比较，识别出跨国企业在不同市场的不同竞争优势来源。还有学者通过利用价值链理论或建立钻石模型的方法来辨别跨国企业的竞争优势。如陈晓曼（2010）以案例的形式，通过价值链分析方法识别出竞争优势，并认为应在不同阶段对其价值链战略采取适当的调节，以适应外部变幻的环境。费尔南多·里贝罗·塞拉等（Fernando Ribeiro‑Serra et al., 2010）通过对文献的梳理及对跨国企业案例的研究，得出企业成功的支柱因素是什么，并以资源基础理论为出发点对企业的战略资源进行识别。这加深了我们对跨国企业竞争优势识别的领会，从"模仿"到"创新"是我国跨国企业建立核心竞争力的有效途径。另外，泰利克·马里克（Tariq Malik, 2012）从企业先后进入市场的时间来识别优势，认为早期先入市场的企业具有先发的竞争优势，对后期进入者的优势有识别效果。国外学者注重先入企业对后者竞争优势的识别过程，但后入者进入市场前或许同样会对市场内企业进行识别研究，但这需要进行实践验证。

3. 跨国公司竞争优势的构建和培育

跨国公司形成明显的竞争优势是因为其拥有先进的技术和研发能力。经济全球化进程的加快和新科技革命影响的深入导致经营环境呈现动态复杂性，迫使越来越多的跨国公司从外部途径培育竞争优势。根据全球市场上竞争对手或自身的行动对市场结构的影响，跨国公司常常通过实施 FDI 战略而培育竞争优势（曾剑云、李石新，2011）。根据战略性对外直接投资理论，跨国公司选择 FDI 通常是出于培育竞争优势的战略考虑进行跨国经营，对外直接投资培育竞争优势表现为跨国公司通过 FDI 巩固或改善竞争地位而带来利润增加。企业利润是否增加必须先预测 FDI 后竞争对手的反应，确认对手的反应有助于企业自身的竞争地位巩固或改善构成竞争优势培育型 FDI 的前提。根据企业知识基础理论，企业是知识的集合体，知识是企业竞争优势的源泉，企业的发展依赖于知识资源的获取和配置。对于跨国公司来说，其开拓国外市场的重要途径，就是公司将知识在不同的区位进行复制和转移并创造新知识的过程。由于知识，尤其是隐性知识在企业的内外市场的交易都是需要成本的，而一个企业的优势就体现在能够以更低的成本比其他企业更快、更有效率地把握和实施这一过程。对外直接投资就是资源在跨国公司内部进行跨国界转移，知识的转移和流动是其中的关键性环节。由于竞争优势是一个动态的过程，跨国公司只有不断地创造新知识，才有可能保持自己的优势地位。因此，通过对外直接投资进行知识的内部转移，不仅是为了保持跨国公司已有的知识存量，也是为创造新知识构筑平台。即通过跨国公司的整合能力对已经获得的知识进行再整合和创造，而后再将这些含有新的、增量的知识扩展到新的市场中去。随着国际市场的不断扩展，知识的获取和再整合的过程将不断持续和深化。跨国公司通过不断的知识获取和再整合，持续改变企业的知识存量，并将从海外市场获取的知识在整个企业网络内进行国际化的转移，从而使整个跨国公司的知识积累和再整合不断地深入下去，最终使公司获得全球性的竞争优势。

4. 跨国公司竞争优势的演化

随着世界局势的变迁以及竞争环境的变化，跨国公司若要在行业内保持持续的领先地位，应该建立动态的发展观念。巴内特等（Barnett et al., 1994）曾提出绩效演化模型，认为经受市场竞争考验的企业更多地表现出明显的绩效优势，这种绩效优势通过管理设计和战略变迁，特别是适应性学习，会使组织更强大，形成战略演化机制。关涛（2004）基于时代变迁带来的影响，通过折衷范式提出了所有权、区位与内部化三方面优势，针对的是科层资本主义时期跨国企业独有的竞争优势。伴随联盟资本主义时期的来临，企业间协作网络和非股权合作逐步在跨国企业竞争方式内占领主导地位，旧的竞争优势定会随之产生很大的改变，从而体现跨国企业技术合作和战略联盟的作用。达·维尼（D'Aveni，2006）曾在《超强竞争理论》中也提到，企业竞争优势并不是静态和固定的，于高速变动的环境中，优势地位巩固时间逐渐变短，企业有必要找寻到下一个优势，才能使自身继续获得相对超越地位。克里斯滕森（Christensen，1997）从市场需求变化的角度，着眼于磁盘驱动机、糖尿病患者护理与管理教育等部分行业，察觉到需求轨迹与技术轨迹的动态关系是致使竞争演进的本质机制，表现为市场层次上竞争基础会随需求轨迹与技术轨迹的动态演化而展示为演进的趋向，进而揭示出竞争优势的市场演进路径。而赫尔法特和劳比切克（Helfat & Raubitschek，2000）则认为，企业不完全是通过市场演进来推动竞争优势的提升，应该通过新产品、知识学习和能力推动竞争优势演化。

考虑到动态环境的影响，黄正松（2008）通过对跨国企业竞争优势的变迁过程和特点的分析，基于中国跨国企业样本，对照了初级与高级竞争优势并分析了两者的异同之处，提出竞争优势的动态含义，佐证了跨国企业应按照竞争环境的变化逐步调节和改进自身竞争优势以实现发展的观点。刘昊等（2013）遵循"决定条件—竞争优势—发展路径"的研究方式，建立起涵盖了海内外生产要素、需求条件、公司战略、结构与同业竞争，相关及支持产业的四个维度八个因子的双钻石模型，以探索我国跨国企业获取竞争优势的途径。该研究认为，要实现快速成长和发展，必须以国内的需求市场为基础，再追踪国外需求市场的变动，要有效通过国内外高级要素条件，提升与厂商和客户间的协同与互助能力，踊跃地加入海内外市场竞争。在对新兴市场跨国企业如何走向发达市场而形成竞争优势的路径领域的研究中，科塔贝等（Kotabe et al.，2016）等对来自主要新兴市场（中国、印度）的多家公司进行历史纵向分析，发现了从建立国内市场到建立发达国家市场的竞争优势的进化路径：一方面，主要通过掌握新兴跨国企业获得资源的能力，吸收并建立自己的优势；另一方面，新兴跨国企业通过新市场的庞大需求提升创新能力，也可以树立竞争优势。

2.2.3 子公司及子公司竞争优势理论研究

相对而言，以跨国公司海外子公司为中心的研究起步较晚，20世纪80年代，开始出现一些围绕跨国公司海外子公司的系统研究。之后，有关跨国公司海外子公司的研究成果大量出现，学者们围绕跨国公司母子公司关系、子公司角色、子公司网络关系、子公司对东道国的影响、子公司竞争优势、子公司成长与发展等问题进行了较为深入的研究。根据本书研究的需要，笔者着重从以下两方面进行述评。

1. 跨国公司海外子公司竞争优势形成与发展研究

学者们对跨国公司海外子公司竞争优势的研究以缪尔（Karl J. Moore, 2001）和拉格曼等（Rugman et al., 2001）关于子公司特定竞争优势的研究最为典型，并影响至今。国内学者多以梳理国外的文献为实证研究的重点。子公司特定竞争优势是子公司得以生存和发展的核心，因为它事关子公司核心竞争优势的形成和维持，而子公司核心竞争优势不仅在当地市场能够保持竞争优势，而且能够维持子公司在跨国公司体系中的战略地位，所以对子公司特定竞争优势的关注也就不足为奇了。学者们关于子公司特定竞争优势形成和发展的研究大多从资源观的角度出发，沿袭竞争优势理论的成果，认为子公司特定竞争优势的形成主要是通过对跨国公司层面非区位限制的特定资源、东道国子公司层面的特定资源，东道国特定区位资源，以及跨国公司其他子公司及分支机构的资源结合运用而产生的。学者们围绕子公司特定竞争优势的概念、来源、影响等多角度地进行了研究。

缪尔（Karl J. Moore, 2001）针对传统的折衷范式所无法解释的同一国家、同一产业中不同海外子公司所承担的职能的差异性以及同一跨国公司但在不同国别市场中经营的子公司所承担职能的差异化的现象，提出了子公司特定竞争优势理论。缪尔认为，子公司特定竞争优势（简称SSA）是跨国公司的第四种优势（其他三种优势即OIL优势），它根置于子公司层面，为子公司所独享。即这种优势既不像所有权优势那样能为整个跨国公司所共享，又不能像区位特定优势那样为处于相同国家的其他企业所共享，它有些类似于区位优势但又与区位优势不同，因为它不是自然禀赋造就的，并且不能像区位优势那样在一个国家内共享[1]。子公司特定竞争优势作为子公司层面的专有知识、能力或者竞争力，体现了子公司所处环境的文化优势[2]。子公司特定优势的发现，使跨国公司专有优势的产生与维持由原来单一的母公司来源转变成为整个公司网络的集体责任，子公司特有优势往往与子公司所处环境高度匹配，能够体现子公司与其他子公司能力差距，子公司自主发展可能形成特定优势，但必须由母公司支持才能长期保持[3]。拉格曼等（Rugman et al.，2001）指出，子公司的特定竞争优势能穿越边界进行价值创造，如通过世界性产品委任，但知识本身具有流动障碍，如隔离机制，它使知识很难在整个跨国公司内被充分吸收。换句话说，子公司特定竞争优势具有全球利用的利益和其知识诀窍难以在内部传播的特点，即当子公司特定竞争优势嵌入终端产品和服务中时，它会使整个公司获取国际性租金，但当它以中间产品的形式体现时，这样的优势不能在内部充分转移。虽然拉格曼旨在分析 SSA 在跨国公司层面上企业特定竞争优势（简称 FSA）中的地位和作用问题，总结出跨国公司企业特定竞争优势开发的十种模式。但我们站在 SSA 角度看，不难发现 SSA 的形成来源于子公司特定的资源和能力，而子公司特定的资源和能力来自跨国公司对子公司的资源投入、东道国子公司层面的特定资源、东道国特定的区位资源和跨国公司其他子公司及分支机构的资源结合运用而产生的。这四种资源的来源形成了子公司特定的资源和能力，并进而形成子公司的特定优势。

在子公司特定竞争优势的来源方面。越来越多的学者强调了东道国子公司特定竞争优势的影响。科拉科格鲁等（Colakoglu et al.，2014）以跨国公司（MNC）的知识基础理论及组织学习文献为基础，研究了全球和东道国知识流入及子公司知识存量对跨国公司子公司知识创新能力的影响，他们基于美国 106 家子公司的调查数据研究发现，当地（即东道国）与来自同一跨国公司其他单位的全球知识流入相比，流入子公

---

[1] Moore K.，A Strategy for Subsidiaries: Centers of Excellence to Build Subsidiary Special Advantages. *Management International Review*，Vol. 41，No. 3，2001，pp. 275 – 290.
[2] 李凝等：《文化差异对中国企业的 OFDI 区位选择的影响：东道国华人网络的调节效应》，载于《华侨大学学报（社科版）》2014 年第 3 期。
[3] 王宁等：《嵌入视角下的跨国公司子公司演进发展研究》，载于《山东社会科学》2015 年第 5 期。

司的知识更能有效地提高子公司的知识创造能力。斯内基纳等（Snejina et al., 2015）基于动态能力视角研究了跨国公司子公司的动态能力和创新问题，作者构建了一个跨国公司子公司动态能力和创新理论框架，认为跨国公司子公司能力包括生成能力、采购能力和整合能力，子公司动态知识能力具有不同于传统的结构，子公司动态知识能力和辅助创新之间具有直接和非直接的联系。斯文·达姆斯（Sven Dahms，2019）研究了当地和外派对跨国公司子公司获取知识以取得竞争优势的影响，他们认为，为了保持竞争优势，跨国公司越来越依赖来源于本国以外的知识。他们运用交易成本经济学和企业的资源观，研究调查了某新兴经济体的外资子公司的知识来源，结果发现地理距离或全球城市位置等区位因素，以及外籍人士担任董事总经理，都会对知识获取产生积极影响。他们使用对称和非对称分析技术来研究这两种理论的竞争性和组合解释力。汉森等（Hansen et al., 2020）研究了在新兴经济体地区的跨国公司子公司的创新能力，他们基于丹麦一级风力涡轮机叶片供应商在印度当地子公司创新能力发展轨迹的考察，同时结合构建的后发企业创新能力理论分析框架，得出的结论是，母公司的关键作用和子公司的内部学习是子公司具有高水平创新能力的基础，使其能够成为母公司的创新供应商。

在子公司特定竞争优势的作用及影响方面，越来越多的国际商务（IB）研究突出区域导向战略的视角（Rugman & Verbeke, 2004、2005、2008；Verbeke & Asmussen, 2016）。基于区域导向战略视角的研究均强调母公司和子公司层面的销售、资产和投资等越来越具有区域上的关联性（Nguyen, 2014；Nguyen, 2015；Oh & Rugman, 2014）。在此情况下，子公司特定优势越来越显示出其在跨国公司全球竞争优势、甚至在整体公司战略管理中的重要作用。瑞安等（Ryan et al., 2018）研究了跨国公司子公司如何根据不断发展的外部本地知识网络，通过知识创造，在跨国公司内部发挥作用，以及相互交织的外部环境在多大程度上影响子公司作用的发挥。维拉尔等（Villar et al., 2018）研究了子公司为在跨国公司中发挥"桥梁"而对资源和能力进行的独特部署问题。他们基于188家子公司的数据的实证研究表明，担任这一角色的可能性取决于对有关目标地区的经验知识，以及从广泛活动和广泛地理范围中获得的丰富知识库。他们的研究结果还表明，子公司特定优势能够使其在跨国公司中承担两种角色，一种是对跨国公司内部市场的管理职能，另一种是对超出某一区域范围的新市场机会的把握能力。费拉里斯等（Ferraris et al.，2020）研究了子公司在跨国公司开放创新（OI）活动中的作用，认为子公司在跨国公司创新活动中扮演着关键角色，且子公司外部和内部联系具有相关性。他们对 91 家跨国公司子公司的数据进行实证分析后表明，子公司对外部知识源的开放程度与跨国公司创新绩效之间呈倒 U 型关系，为此跨国公司和子公司管理者需要开发管理组织内关系的机制来提高创新绩效，同时在子公司层面利用外部知识源来提高跨国公司的知识管理水平。

国内学者也基于不同角度对跨国公司海外子公司特定竞争优势形成与发展进行了一定程度的研究。张慧、徐金发和江青虎（2006）对缪尔和拉格曼的理论进行了梳理，基于资源基础理论阐述了跨国公司海外子公司特定竞争优势的形成和发展过程，指出子公司的特定竞争优势来源于跨国公司层面非区位限制的特定资源、东道国子公司层面的特定资源及东道国特定区位资源三个层面的结合。薛求知和李亚新（2008）基于知识创新和流动的角度对跨国公司子公司特定竞争优势的形成及影响因素进行了研究，提出了子公司在跨国公司知识创新和流动体系中的四种角色差异（强创新强传播、弱创新强传播、弱创新弱传播、强创新弱传播），认为跨国公司子公司特定竞争优势来源于四个方面资源的结合：即跨国公司对子公司的知识投入、子公司特定资源、东道国特定的区位优势以及跨国公司其他子公司及分支机构的资源，突出了来自跨国公司其他子公司及分支机构方面的资源对子公司特定竞争优势形成的重要性；分析了影响在跨国公司子公司知识流动方面的政治因素，并指出可以通过鼓励自治行为、加入知识群体以及强调知识的独特性等政治行为控制知识流，形成并提高子公司特定优势的策略。赵福厚（2007）对跨国公司子公司竞争优势的内外部来源及相互关系进行了分析，指出跨国公司子公司竞争优势是在子公司利用自己的核心能力控制战略资源并使之产生增值的过程中形成的，它一方面既是子公司能动性（内部因素）发挥作用的结果；另一方面也是子公司所在国家、行业以及经营网络（外部因素）影响的结果。最终，子公司竞争优势在这两方面互动中得到加强，在产品市场产生的"租金"不断增长中得到巩固。王连森（2007）较为详细地分析了作为跨国公司海外子公司竞争优势基础的子公司资源的来源以及海外子公司竞争优势的衡量与判别方法，指出跨国公司海外子公司在落户东道国后，除积极培育和发挥创业精神和创新精神，通过实施生产、采购、营销、研发和人力资源"本土化"策略积极吸纳并开发当地资源外，还需要拥有东道国当地一般企业难以具备的资源获得途径——从跨国公司母公司、其他跨国公司海外子公司以及国际联盟企业处获得资源。同时，他们从产品获利性的角度，提出相对于东道国当地企业竞争对手的跨国公司海外子公司竞争优势衡量与判别的方法，并把影响子公司竞争优势的因素分为环境域和资源域，然后提出了测度量表，实证了在华跨国公司子公司的竞争优势问题。对跨国公司海外子公司竞争优势进行实证分析是研究方法的一大改进。林花等（2013）通过案例研究和定量研究相结合的方式，研究了跨国子公司与东道国企业知识相互学习及其对创新能力和业绩的影响，发现在华跨国子公司和本土企业之间存在相互学习的事实，跨国公司在华子公司与当地的紧密联系对子公司学习本土知识的影响大于对本土企业的影响，子公司所获取的本土知识促进了其知识创新水平的提高，反映了中国的市场环境有利于子公司提高知识创新水平和竞争优势水平，而这种知识创新水平的提高对公司绩效具有显著的促进作用。黄健等（2021）通过将问卷调查和权威网站数据相结合，运用模糊集定性比较分析方法，研究了中国跨国企业海外子公司创新绩效的驱动机制，发现知识距离大的东道国的海外子公司更有可能获得高创新绩效；相较于其他前因条件，知识吸收能力对创新绩效影响更大；高创新绩效的子公司可以和华侨华人保持恰当的嵌入度，有效避免"过犹不及"情况的发生；非高创新绩效的驱动机制与高创新绩效的驱动机制存在着非对称性关系。

2. 网络嵌入与跨国公司海外子公司竞争优势

在全球经济一体化不断深入的背景下，跨国公司海外子公司不再单单是依附于母公司的从属角色，而是在跨国公司网络中不断获取和利用资源、知识、技术，进行创新，以培育和增强竞争优势。相应地，国际商务理论研究中，学者们基于网络嵌入的视角对跨国公司海外子公司竞争优势进行了丰富的研究，将网络嵌入视为获取有价值资源以克服自身不足的战略性举措，个人或组织嵌入网络有利于知识、资源以及技术的传递，能够在一定程度上克服跨国公司自身的资源限制，有助于公司培育和增强竞争优势。本部分拟从跨国公司子公司网络嵌入的含义、网络嵌入对跨国公司子公司知识转移、创新绩效影响等方面对已有文献进行梳理。

在跨国公司子公司网络嵌入含义方面。网络视角（Network Perspective）是理解和分析子公司战略的一个重要视角，该视角认为跨国公司不是一个层级森严的庞然大物，而是一个由松散连接的个体组成的网络（Birkinshaw & Hood，1998）。子公司是网络中的成员，在与母公司联结的同时也具有一定独立性。子公司可以发展不依赖于母公司的独特能力和资源，通过这些独特能力的培养与资源的积累，子公司可以在一定程度上对母公司的决策产生影响。当子公司进行战略实施时，由于东道国是子公司的重要战场，所以除了与母公司的关系以外，子公司也与东道国的其他参与者产生联系（Mille & Eden，2006）。跨国公司子公司网络包括外部网络和内部网络，相应地，按照其与不同伙伴关系的程度分为跨国公司子公司外部网络嵌入和内部网络嵌入。最早提出子公司外部嵌入（或称东道国的嵌入，External Embeddedness）的是安德森等（Andersson et al.，1996）。他们认为，子公司与东道国客户、供应商以及其他伙伴的关系承载了子公司独特的资源和能力。子公司为适应东道国所做出的调整越大，在东道国就嵌入得越深。这种嵌入可以为其带来在东道国经营的合法性（Newburry，2001），通过吸收、利用特殊的东道国知识，也有利于子公司形成新的知识与能力（Taggart & Hood，1999），有利于子公司竞争优势的增强。子公司内部嵌入体现的是子公司与母公司及其他子公司的关系和交流，以及这种关系和交流的深度和广度（Garcia-Pont，2009），这种内部嵌入反映了子公司作为跨国公司的一部分，需要受到母公司的管控，也需要母公司的支持，子公司可以从母公司及其他子公司处获取资源、知识及技术支持等，并且提供相应回馈。张竹等（2016）认为较高的外部嵌入使得子公司更易构建获取当地信息、资源与知识的渠道，这些信息、资源与知识往往是母国不具备的，因此它们的获得有助于企业提高核心竞争力；当企业具有较高内部嵌入时，子公司往往更关注整个公司内部的交流，特别是与母公司的交流，而较高的内部嵌入保证了母子公司之间信息、知识与资源的流动，促进了资源整合与创新。

在嵌入性对跨国公司子公司创新绩效和竞争优势影响方面，国际商务理论越来越认识到组织间网络（与内部合作伙伴和外部组织）作为跨国公司子公司能力发展的驱动因素的关键作用，认为跨国公司海外子公司发展技术能力的关键驱动因素是：增加获得资源的机会，以及通过与东道国其他组织（如客户、供应商或当地大学）或其内部网络成员（跨国公司总部或其他子公司）建立关系而实现的能力（Andersson et al.，2002；Phene & Almeida，2008；Figueiredo & Brito，2011；Yamin & Andersson，2011；Collinson & Wan，2012；Gammelgaard et al.，2012；Ciabuschi et al.，2014；Golebiowski & Lewandowska，2015；Achcaoucaou et al.，2017；Ferraris et al.，2018）。为此，学者们围绕外部嵌入、内部嵌入和双重嵌入对海外子公司创新绩效和竞争优势的影响进行了较为丰富的研究，并得出了有益的结论。内部嵌入对海外子公司创新影响方面，维拉尔等（Villar et al.，2018）认为，在差异化的内部嵌入网络中，虽然海外子公司之间的相互联系和知识转移没有海外子公司和母公司那么频繁，但海外子公司在各自不同的东道国环境里从事业务，而环境的异质性给海外子公司带来了受地域限制的子公司特有优势[①]。姊妹海外子公司向焦点海外子公司的知识转移拓宽了焦点海外子公司知识储备的宽度，会刺激固有的思维模式，丰富知识和技术的接触领域，有利于其创新能力和竞争优势的提高（Najafi - Tavani et al.，2018）。普和苏（Pu & Soh，2018）认为内部嵌入增强了子公司间的相互依赖程度，使子公司能有效分配和利用新知识及其他资源。内部嵌入程度越高，母、子公司以及子、子公司间的互动强度就越高，团队之间相互支持和帮忙的意愿也随之提高，也更愿意为彼此创新能力的提升而共同努力。伊斯梅尔·勒格奇等（Ismail Gölgeci et al.，2019）研究了欧洲跨国公司子公司内部嵌入对公司创新绩效的影响，他们假设知识转移作为一种中介机制来引导跨国公司子公司内部嵌入性在创新绩效中的潜在作用，并考虑了外部搜索深度和广度对子公司内部知识转移和创新绩效的调节作用，通过对11家欧洲跨国公司的91家子公司的实证研究，结果发现，来自其他跨国公司单位的知识转移程度在子公司内部嵌入性与创新绩效之间起着中介作用，外部搜索深度正向调节了知识转移程度与子公

---

① Cristina Villar, Àngels Dasí, Ana Botella - Andreu. Subsidiary-specific Advantages for Inter - Regional Expansion: The Role of Intermediate Units. *International Business Review*, Vol. 27, No. 2, April 2018, pp. 328 - 338.

司创新绩效之间的联系,而外部搜索广度则没有,反映了知识转移机制和外部搜索方法的调节作用有助于引导和有效实现附属内部嵌入在创新绩效中的作用。蒲明和毕克新(2019)认为,内部嵌入可以使子公司从资源获取、知识转移以及合作创新等方面提升自身的创新能力。宁烨等(2021)认为子公司嵌入内部网络有助于其创新能力的提升,一方面,内部嵌入程度越高,子公司与跨国公司网络成员间的资源流动越容易,根据资源基础观,双方交流越频繁,交流内容会越深入,子公司越容易获得一些隐性资源,这将有利于其在技术创新方面建立竞争优势。另一方面,内部嵌入有助于子公司受到母公司的实时关注,提高总部对其创新研发的投入。此外,内部网络成员处于同一母公司的管理控制下,内部嵌入方便各成员之间创新方法和成果的共享以及合作创新。

在外部嵌入对海外子公司创新和竞争影响方面的研究成果较为丰富,以安德森和福斯格伦(Andersson & Forsgren)为代表的研究者分别探讨了子公司在当地环境中的技术嵌入、业务嵌入等对子公司绩效、自主权、子公司角色等方面的影响,他们的系列研究结果都认为子公司在当地环境中的网络嵌入程度较高有利于子公司的知识创造与创新水平的提高[1]。海外子公司通过外部嵌入可以获取当地有价值的稀缺资源,有助于其在当地拥有良好的营商环境和信息资源共享平台,会对其创新绩效提升产生积极影响[2],和当地供应商及用户建立高质量关系同时快速掌握当地市场的最新需求和发展机会[3],和当地合作伙伴的关系有助于加强网络成员之间的彼此认同和信任感[4],提高知识转移效率,促进企业创新能力的提升。蒲明和毕克新(2019)认为,外部嵌入性使子公司保持与当地实体有影响的联系从而发展子公司的成长能力,促进了子公司获取当地知识和资源(杜健等,2011;赵云辉和崔新健,2016;李

---

[1] Andersson, U., Forsgren, M., Holm, U. Balancing Subsidiary Influence in the Federative MNC: a Business Network view. *Journal of International Business Studies*, Vol. 38, 2007, pp. 802 - 818.

[2] 谭云清、马永生:《OFDI 企业双元网络与双元创新:跨界搜索的调节效应》,载于《科研管理》2020 年第 9 期。

[3] 彭伟、金丹丹、符正平:《双重网络嵌入、双元创业学习与海归创业企业成长关系研究》载于《管理评论》2018 年第 12 期。

[4] Saac V R, Bonni F M, Raziq M M, et al. From Local to Global Innovation: The Role of Subsidiaries' External Relational Embeddedness in an Emerging Market. *International Business Review*, Vol. 28, No. 4, 2019, pp. 638 - 646.

奉书和黄婧涵，2018），加强了子公司对东道国环境的制度适应，增加了子公司在东道国的合法性。宁烨等（2021）认为，海外子公司通过外部嵌入能够提升自身创新能力，原因在于：一是外部嵌入有助于海外子公司获取与自身创新相关的异质性资源与知识，而这些不可替代的资源是企业获取竞争优势的内在源泉；二是子公司在与当地成员频繁互动过程中了解并适应当地的制度规范，提高自身合法性（Xu & Hitt，2012；俞园园和梅强，2016）；三是外部嵌入降低企业搜寻互补资源的成本，增加企业创新要素组合的机会，并将环境的不可预测性和经营风险大大降低。

在双元嵌入（内部嵌入和外部嵌入）对海外子公司创新和竞争优势影响方面。奥尔加·特雷加斯基斯（Olga Tregaskis，2012）研究了子公司如何利用学习网络来最大化知识的战略价值以作为自己权力来源的过程，以及知识的嵌入性如何影响这一过程的问题，结果发现外部学习网络更有可能实现创新，因为当地环境被认为是最有用或最合法的，同时组织内学习网络通过鼓励传播加强了知识作为重要资源的合法性。纳迪亚·阿尔比斯等（Nadia Albis et al.，2021）研究了外部和内部关于嵌入性是否相互加强（互补），以及二者在解释海外子公司在获得根本性创新方面的卓越绩效时是否分别发挥作用。实证分析使用直接和间接检验来评估互补性，以及从2008~2014年哥伦比亚制造业企业普查中提取的关于外国子公司的企业层面面板数据。研究结果表明，孤立的外部关系嵌入（没有内部嵌入）仅在增量创新方面对绩效有积极影响，而单独的内部嵌入（没有外部嵌入）对子公司的创新绩效没有影响，但外部和内部嵌入之间存在的互补和动态关系能够刺激根本性创新成果的出现，这反过来又与国外子公司的能力创造角色有关。蒲明和毕克新（2019）在相关理论的基础上构建了双重网络嵌入、组织学习与子公司成长能力的关系模型，并以119家跨国公司在中国子公司为样本，实证检验了双重网络嵌入性对子公司成长能力的影响，以及组织学习在这一作用过程中的中介效应，研究结果显示了双重嵌入性对子公司成长能力的不同作用机制。宁烨等（2021）基于动态能力视角，理论分析和实证研究了海外子公司双元嵌入对创新绩效的影响，研究结果显示，子公司的双元嵌入对其创新绩效有显著的积极影响，子公司会从内、外部关系网络中获得创新行为所需的关键资源，并将其整合到自身从而达到创新的目的；动态能力在双元嵌入与创新绩效之间的关系中发挥中介作用，子公司在内外部嵌入中利用机会识别能力获取大量异质性资源和信息，通过资源整合将其与现有资源进行整合，通过组织重构能力将资源重新配置，并调整自身结构以适应产品和技术的创新。

2.3 跨国公司社会责任与子公司竞争优势关系研究

笔者通过较长时间、多方面、多渠道搜集资料发现，国内外关于跨国公司社会责任与子公司竞争优势关系的文献还很少。虽然在实践中，许多世界知名企业和跨国公司已经认识到企业社会责任对自身竞争优势和经营业绩的重要影响，并且身体力行，积极履行企业社会责任，但是理论的发展却明显滞后于实践。正如罗德里格斯等（Rodriguez et al. , 2006）所言："在企业社会责任对跨国公司的战略意义方面，有许多理论和经验方面的问题还未涉及"[1]。之所以出现这种状况，部分原因在于跨国公司处在不同的环境和文化中经营，跨国公司社会责任具有典型的复杂性，对这种复杂现象的研究本身是一种严峻的挑战。同时，这也为不同学科的整合和扩展提供了极好的机会。然而，在企业社会责任研究中，企业社会责任的战略性问题以及企业社会责任与竞争优势的关系成为企业社会责任研究的前沿和趋势，本部分通过对这方面的文献进行梳理，力图在后续的研究中，把它们扩展到跨国公司研究领域。

2.3.1 关于企业社会责任的战略性及竞争优势问题研究

在企业社会责任研究过程中，越来越多的学者开始从战略的角度来思考企业社会责任理论和实践问题。甚至早在经典的战略文献中，就已经涉及社会责任与公司战略的问题。一些战略大师如安德鲁斯识别了公司战略与"经济贡献和非经济贡献（即企业对股东、员工、消费者和

---

[1] Peter Rodriguez, Donald S Siegel, Amy Hillman and Lorraine Eden, Three Lenses on the Multinational Enterprise: Politics, Corruption, and Corporate Social Responsibility. *Journal of International Business Studies*, Vol. 373, No. 6, 2006, pp. 739.

社区做出的贡献)"之间的关系（Andrews，1980）。安索夫则详细地阐述了公司需要开发社会战略的问题（Ansoff，1983）。关于企业社会责任的战略性问题研究，主要体现在三个方面：战略性企业社会责任的认定、企业社会责任战略理论以及企业社会责任与竞争优势的关系问题。

1. 战略性企业社会责任的认定

较早明确提出"战略性企业社会责任"（strategic corporate responsibility）这一术语的学者是伯克和罗格斯顿（Burke & Logsdon，1996）。他们认为，当企业社会责任能为企业带来明显的商业利益，尤其是这种商业利益是通过支持企业的核心商业活动，并进而贡献于企业使命的完成而实现时，这种企业社会责任就是战略性的。他们进而提出了识别战略性企业社会责任的五个维度：向心性（centrality）、专属性（specificity）、超前反应性（proactivity）、自愿性（voluntarism）、可见性（visibility）。这五个方面体现了战略性企业社会责任创造企业价值的发展过程，企业在寻求竞争优势的过程中通过对这五个方面的战略性管理对企业的经营绩效产生积极的影响。伯克和罗格斯顿（Burke & Logsdon，1996）指出，战略性企业社会责任行为可以使企业实现顾客忠诚、生产率提升、新产品和新市场的开发等目标，从而为企业创造价值，并带来显而易见的经济收益。他们提出的分析框架为企业社会责任的战略性管理提供了一个应用性工具，有助于公司经理们借此开发收益性的企业社会责任战略。

赫斯特和艾伦（Bryan Husted & David Allen，2007）在对伯克和罗格斯顿（Burke & Logsdon，1996）模型进行实证的同时，修正和发展了对战略性社会责任的认识，认为履行强制性企业社会责任也可以使企业获得竞争优势，因而自愿性对于战略性企业社会责任并非必要。他们将战略性企业社会责任定义为四种能力：(1) 持续集中于企业资源和资产的能力（向心性）；(2) 在获取战略要素方面先于竞争对手的能力（超前反应性或前瞻性）；(3) 由于消费者对企业行为的感知而建立企业声誉的能力（可见性）；(4) 确保创造的企业价值增值为公司所独占的能力（专属性）。他们基于伯克和罗格斯顿（Burke & Logsdon，1996）框架中的五个方面，对战略性CSR、传统CSR以及传统战略进行了比较（见表2-1）。

表 2-1　　　　传统 CSR、战略性 CSR 与传统战略的比较

战略性维度	CSR 与战略的不同方法		
	传统的 CSR	传统战略	战略性 CSR
可见性	无关：企业行善本身就是回报，从长期看是赢利的	树立消费者产品和品牌意识	树立消费者和利益相关者对含有 CSR 附加值的产品意识
专属性	无关：企业行善本身就是回报，从长期看是赢利的	对供应商、消费者和竞争者关系的管理以增加企业价值	对利益相关者关系的管理以增加企业价值
自愿性	不是出于企业利益和法律要求而参与社会活动	企业创新基于学习能力：非决定论的行为	不是出于法律要求而参与社会活动
向心性	无关：行善和社会需求相关，与企业核心使命无关	通过产品或服务创新来创造价值	通过和社会问题有关的产品或服务创新来创造价值
前瞻性	能预期到社会问题的变化	先行者优势	能预期到提供市场机会的社会问题的变化

资料来源：Bryan W. Husted & David B. Allen. Strategic Corporate Social Responsibility and Value Creation among Large Firms. *Long Range Planning*, Vol. 4, No. 7, 2007, pp. 594–610.

当伯克和罗格斯顿以及赫斯特和艾伦的关注点集中在"战略性企业社会责任"时，巴伦（Baron, 2001）则注意到了战略性企业社会责任的对立面——非战略性企业社会责任问题，提出了划分企业社会责任性质的思路。他按照利润最大化（profit maximization）、利他主义（altruism）和应对社会活动家威胁（threats by the activist）等三种动机，将企业社会责任明确区分为三种类型。他指出，战略性企业社会责任是指企业中承载着社会责任并以利润最大化为目的的战略行为。并举例说，虽然企业重视环保，可以使社区的其他人同时收益，但如果这一行为的动机，是使社区成为吸引人工作的地方，从而使劳动生产力提高，继而增加企业的利润，那么它就是战略性企业社会责任。通过构建整合战略模型，巴伦（Baron, 2001）指出，在其他条件相同的情况下，利润最大化动机比利他主义动机和应对社会活动家威胁动机能导致更好的财务绩

效，但在企业社会表现方面要比这两者弱一些[1]。

兰托斯（Lantos，2001）对不同性质的企业社会责任的界限进行了进一步的阐述[2]。基于对卡罗尔的企业社会责任分类思想的批判和继承，兰托斯从责任性质（必需，还是自愿）和责任动机（为了利益相关者的利益，或为了企业的利益或两者兼顾）两个方面，将企业社会责任划分为战略性（strategic）、伦理性（ethical）和利他性（altruistic）等三种类型。他认为，战略性企业社会责任是指能作为营销工具以提升企业形象，进而增进企业利润的企业慈善活动；伦理性企业社会责任是指使企业经营对社会的损害最小化的企业活动；而利他性企业社会责任则指弥补并非企业所致的公共福利缺陷，而企业从中获益的不确定的企业活动。从股东责任是企业终极责任的角度出发，他认为战略性企业社会责任通过服务社会可以获得利润，应该受到鼓励。

兰托斯将战略性企业社会责任等同于战略性慈善活动，显然失之偏颇。而波特和克莱默（Porter & Kramer，2006）则以竞争优势理论为基础，对兰托斯的定义进行了必要的拓展，丰富了战略性社会责任的内涵和外延。他们将企业社会责任划分为战略性（strategic）和回应性（responsive）两种类型。他们认为，战略性企业社会责任不仅指那些能利用企业能力来改善重要竞争背景的战略性慈善活动，还指那些能产生社会利益并同时强化企业战略的价值链转型活动；而回应性企业社会责任也包括两方面的内容：一是作为良好企业公民，顺应利益相关者不断变化的社会关注；二是减轻企业行为中已有的或者即将发生的负面影响。在探讨企业社会责任对企业竞争优势的影响时，他们指出，战略性企业社会责任则可以持续提升企业竞争优势，为企业和社会带来大量且不一般的利益[3]。

尽管上述理论辨析企业社会责任行为性质的角度不同，但对战略性企业社会责任的整体看法却大同小异。这些理论认为，相对于非战略性企业社会责任而言，战略性企业社会责任将企业利益和社会利益内在地

---

[1] Baron, D. P., Private Politics, Corporate Social Responsibility and Integrated Strategy. *Journal of Economics and Management Strategy*, Vol. 10, 2001, pp. 7 – 45.

[2] Lantos, G. P., The Boundaries of Strategic Corporate Social Responsibility. *Journal of Consumer Marketing*, Vol. 18, No. 7, 2001, pp. 595 – 630.

[3] Porter, M. E., M. R. Kramer, The Link between Competitive Advantage and Corporate Social Responsibility. *Harvard Business Review*, Vol. 80, No. 12, 2006, pp. 78 – 92.

统一在一起,是可以产生竞争优势的企业社会责任行为,且与企业的经济利益有更明确的正相关关系。对企业社会责任行为性质的这种比较一致的看法,推动了企业社会责任战略管理理论和实践的发展。

2. 企业社会责任战略理论

企业社会责任战略理论是随着企业社会责任为适应环境的变化而得以出现和发展的,在企业生存和发展的环境变化中,利益相关者对企业的影响越来越明显,需要企业对此做出适应性变化。随着西方国家利益相关者环境的发展变迁,企业社会责任战略理论发展和实践大致经历了三个阶段:战略思想萌芽阶段、战略回应阶段和战略整合阶段。

20世纪20~70年代是企业社会责任战略思想的萌芽阶段。20世纪20年代是现代企业社会责任的发端,也是企业社会责任战略思想阶段的开始。在这一阶段,以美国为代表的西方国家建立了比较完善的现代企业制度。作为全新的制度安排,现代企业急需社会的认可,以获得合法性。此时,政府、工会和股东影响弱化,而社区、员工和消费者的影响力异军突起。为了获得这些利益相关者的认可,当时的企业不断加强慈善活动、培训工作,以及提升服务质量,并将这些手段纳入企业公关策略中[1]。虽然这一阶段没有形成专门的企业社会责任战略理论,但在实践中,当时的企业在大多数情况下都会将企业社会责任同自身长期生存的目标直接联系起来,这意味着这些企业已经开始从战略的高度来思考企业社会责任的问题。

20世纪70~90年代是企业社会责任战略回应阶段。这一时期,西方企业战略理论的成型,为企业社会责任战略的产生提供了可能性。与此同时,社会活动家发起的人权运动、环保运动、消费者运动等,推动着企业以更加负责任的方式来应对自身的各种压力,从而使企业社会责任战略的产生具备了必要性。在这一阶段,企业迫切需要为每一个行动领域制定出相应的战略,给企业资源的配置决策提供总的纲领[2]。在这一背景下,社会反应战略应运而生。对这一战略阐述最全面的学者是威

---

[1] Hoffman, R. C., Corporate Social Responsibility in the 1920s: an Institutional Perspective. *Journal of Management History*, Vol. 13, No. 1, 2007, pp. 55–69.

[2] McAdam, T. M., How to Put Corporate Responsibility into Practice. *Business and Society Review*, Vol. 6, 1973, pp. 8–16.

尔逊（Wilson，1975）。威尔逊根据现实中不同企业对待社会责任态度的差异，提出了四种不同的社会反应战略：通过各种手段推脱社会责任的消极反应战略（reaction）、最低限度地遵守规章制度和法定义务等强制性要求的防卫战略（defense）、企业自觉地按照利益相关者的期望来采取行动的适应战略（accommodation），以及积极响应预期到的利益相关者要求的预反应战略（pro-action）。这四种战略在承担企业社会责任的积极程度方面是逐渐增加的。社会反应战略强调合作和问题解决机制，其出发点是降低利益相关者对企业的威胁，以减少企业经营风险，而不是将其看成商业机会。

20世纪90年代至今是企业社会责任战略整合阶段。在这一阶段，西方国家的责任投资者、责任消费者大量涌现，使企业社会责任日渐成为企业的市场机会和竞争优势的源泉。市场和社会的双重压力，推动企业去改革和完善与利益相关者的实践，在经营活动中实现既负责任又赢利的目的[1]。为适应企业的这种迫切需要，西方学术界出现了两种不同的整合战略理论：其一是将企业的经济、伦理和环保责任整合的三底线战略（triple bottom line）；其二是将企业社会责任与企业战略整合的企业社会战略（corporate social strategy）。

三底线战略出现在20世纪90年代中期。当时，西方社会广泛关注环境问题。然而，真正要使环境改善需要将这一问题的经济和社会维度整合起来。出于这一考虑，美国管理咨询专家约翰·埃尔金顿（John Elkington，1997）提出了"三底线"战略思想。他指出，企业必须将利润、社会正义和环境质量同时作为企业生存和发展的三个基本"底线"，并纳入战略考虑。而这三个底线是相互关联、相互依存的，有时也会存在相互冲突。而冲突的平衡技巧是"三底线"战略成功的关键。他认为，那些能够向利益相关者清晰展现"共命运"（shared future）的愿景，并且通过出色运用"三底线"战略而实现这一愿景的企业，将赢得人们的经济上和精神上的全力支持。虽然"三底线"战略能够使企业更系统地思考自身的社会义务，但指标的异质性，使伦理和环境底线不能像利润底线那样被汇总，因而制约了"三底线"战略的进一步

---

[1] Drucker, P. F., The New Meaning of Corporate Social Responsibility. *California Management Review*, No. 2, 2007, pp. 53 – 63.

运用①。

在西方企业社会责任文献中，利用企业社会责任中的机会，以谋求竞争优势的战略，是企业社会战略。该理论出现在20世纪90年代后期，是企业利益和社会利益日益结合的产物。赫斯特和艾伦（Husted & Allen, 2007）认为，企业若在以下方面予以重视，则被视为拥有社会战略：(1) 对社会活动进行明确界定；(2) 对社会项目的投资；(3) 对员工的承诺；(4) 社会活动对竞争地位的明显影响；(5) 社会项目结果的可测量性②。换句话说，当企业对自身定位涉及社会问题时，可能存在社会战略。该作者在界定社会战略时，强调必须包含社会活动对竞争优势的明显影响。也就是说，必须有某种战略目的，使得它能证实进行的战略规划是以创造竞争优势为导向的。战略目的不仅仅体现在战略设计方面，还要体现在对企业资源的管理上（例如，员工花费在社会活动的时间有多少）和管理政策上（对关键利益相关者的关注），结果就会出现这样一种行为模式，它反映了企业把社会活动作为一种获取持续竞争优势的方式。

由于社会反应战略和三底线战略笼统地将所有企业社会责任纳入战略范畴，因而使得协调企业与利益相关者的利益冲突，成为这两种战略成功实施的关键。而此后的企业社会战略则以战略性企业社会责任为基本战略元素，使其着眼点落在了可持续的竞争优势上。虽然企业社会战略在21世纪日益成为西方企业社会责任战略管理实践的重点，但并不意味着可以忽略其他两种企业社会责任战略理论。毕竟，企业利益与利益相关者利益还可能存在冲突，尽管这种可能性会越来越小。

3. 企业社会责任对竞争优势影响的研究

企业社会责任对竞争优势的影响，反映了企业社会责任的战略价值性。而企业社会责任具有战略性价值，和基于企业资源基础论的分析不无关系。资源基础论认为，企业是由一系列异质性资源和能力组成的集合体，这些资源和能力在企业间是不能完全流动的，如果这些资源和能

---

① Norman, W., C. Macdonald, Getting to the Bottom of "Triple Bottom Line". *Business Ethics Quarterly*, Vol. 14, No. 2, 2004, pp. 243–262.

② Husted, B. W., D. B. Allen, Corporate Social Strategy in Multinational Enterprises: Antecedents and Value Creation. *Journal of Business Ethics*, Vol. 74, 2007, pp. 345–361.

力具有价值性、稀缺性、不可模仿性和难以替代性的特点,它们就会成为企业可持续竞争优势的来源。哈特(Hart,1995)是第一个把资源基础理论引入企业社会责任分析框架的学者,他在专门集中于环境社会责任的分析后认为,对有些类型的企业来说,环境社会责任能产生企业的资源或能力,从而导致企业的持续竞争优势[1]。罗斯和福茨(Russo & Fouts,1997)对哈特的理论进行了实证支持,发现企业环境责任表现和其经营绩效呈正相关,企业的环境表现水平越高,其经营绩效越高[2]。

在此之后,众多学者多角度详细分析了企业社会责任对企业竞争优势的影响。丰布兰等(Fombrun,1996;Fombrun et al.,2000)分析了企业社会责任活动是如何创造企业声誉资本和个人与组织网络的,当企业社会责任活动产生诸如声誉资本、企业文化、合法性等无形资产时,这些活动实际起到了安全阀的作用,缓和和保护企业免受消极活动的冲击;当企业社会责任活动产生诸如声誉资本、信守承诺、忠诚、合法性等无形资产时,这些活动还能起到提供机会平台的作用,为企业的未来成长提供机会。希尔曼和凯姆(Hillman & Keim)基于"S&P 500 firms"(标准普尔500强企业)的实证研究,发现战略性企业社会责任有助于无形资产的产生,使企业创造出不同于竞争对手的重要资源和能力方面的竞争优势[3]。戈弗雷(Godfrey,2005)指出,企业的社会责任活动可视为一种保护企业免受风险的保险政策。图班等(Turban & Greening,1997;Brown & Dacin,1997;Handelman & Arnold,1999)认为,企业社会责任能获得消费者对企业更有利的评价和公众对产品更好的印象,增强企业声誉,产生企业作为潜在顾主的吸引力,并通过增强在消费者眼中的企业合法性而建立起有利的制度环境。波特和克莱默(Porter & Kramer,2002)描述了一个被理性经济决策主宰的慈善捐赠世界,慈善行为被巧妙地设计,用以改善和发展企业的商业和制度环境,直接提升企业竞争优势。国内在这方面也进行了卓有成效的理论和

---

[1] Hart, S. L., A Natural Resource-based View of the Firm. *Academy of Management Review*, Vol. 20, 1995, pp. 986–1014.

[2] Russo, M., & Fouts, P., A Resource-based Perspective on Corporate Environmental Performance and Profitability. *Academy of Management Journal*, Vol. 40, No. 3, 1997, pp. 534–559.

[3] Hillman, A. J. and G. D. Keim, Shareholder Value, Stakeholder Management, and Social Issues: What's The Bottom Line?. *Strategic Management Journal*, Vol. 22, No. 2, 2001, pp. 135.

实证研究。江萍和吉宏伟（2010）具体分析了企业的社会责任行为可以通过增大市场份额、阻止潜在新竞争者的进入和潜在替代品的开发、弱化供应商的讨价还价能力、弱化消费者讨价还价能力等途径来增强企业的竞争优势。刘刚和黄苏萍（2010）将企业社会责任看作跨国公司在华战略的一部分，运用企业社会责任来增加与各利益相关者的关系资本，从而获取竞争优势。邹俊和徐传谌（2012）认为企业内部由于存在有限理性、机会主义以及资产专用性等问题会大大增加交易成本，而企业履行社会责任可以降低交易成本，提升企业竞争力。陈承和周中林（2014）研究表明企业对管理者、员工、政府和公众的责任与企业竞争优势的持续性正相关。杨陈承和周中林（2014）的研究发现，企业社会责任与企业持续发展存在必然的内在联系，企业对管理者、员工、政府和公众的责任对企业保持竞争优势的持续性发挥重要作用，企业对管理者、员工、政府和供应商的责任有助于企业更快地摆脱竞争劣势的局面。田虹等（2015）基于利益相关者理论和竞争优势理论，分析企业社会责任的可见性和透明度对竞争优势的影响及作用机制，并进一步探讨企业声誉的中介作用和善因匹配对企业社会责任特征与企业声誉的调节作用。实证结果表明，企业社会责任可见性和透明度对企业竞争优势具有显著的正向影响，企业声誉对企业社会责任可见性和透明度与竞争优势的关系具有部分中介作用，善因匹配正向调节了企业社会责任可见性与透明度对企业声誉的影响，其中对透明度的调节作用更加显著。邹俊和张芳（2016）认为，企业社会责任对企业声誉和企业形象等有着重要影响，是企业资源的重要组成部分，企业社会责任资源具有节约交易成本、构建不完全竞争市场和获取经济租金的战略功能，有助于为企业带来持续的竞争优势。陈煦江和许梦洁（2020）以2014~2017年沪深两市A股国有和民营上市公司为样本，采用结构方程模型检验竞争优势在企业社会责任影响财务可持续过程中的中介作用。结果发现，当期及滞后一期的国有、民营企业的社会责任均通过竞争优势对财务可持续产生部分中介效应，但国有企业滞后一期中介效应强于当期中介效应，民营企业则相反；企业履行社会责任对其竞争优势具有正向促进效应，该效应在国有企业中更强；控制共同因素的影响后国有企业的中介效应更强。

此外，学者们还研究了企业社会责任与技术创新、竞争优势、财务绩效的关系。郭安苹和叶春明（2017）研究发现，企业社会责任与技术创新对企业绩效产生具有正向影响，企业对社会责任关注度越高、科研创新能力含量高的企业，会具有更大的发展实力，会获得更可观的经济效益。企业技术创新对竞争优势的正向影响可能不会一直持续下去，但企业社会责任的承担将会增加技术创新对竞争优势的影响。正因为企业承担社会责任对顾客的自身利益有了更好的保障，提高了顾客的满意度、认同度，同时其他利益相关者也将为企业的发展奠定社会基础，从而使企业获得了竞争优势，这也是企业社会责任在技术创新与竞争优势的关系中起调节作用的原因（李文茜等，2017）[①]。陶克涛等（2019）对民族地区企业社会责任、企业技术创新与竞争优势关系的研究发现，技术创新对竞争优势有显著的正向影响；货币资本层责任、人力资本层责任、社会资本层责任在技术创新与竞争优势关系中起到显著正向的调节效用，其中人力资本层责任在技术创新与竞争优势关系中的正向调节效用高于货币资本层责任和社会资本层责任的调节作用。

2.3.2 跨国公司社会责任与公司竞争优势的关系研究

根据笔者对国内外文献数据库的搜索，关于跨国公司社会责任与公司竞争优势关系的理论研究明显落后于实践的发展，这方面的成果比较有限。

国外较早的研究中，以加德伯格和丰布兰（Gardberg & Fombrun，2006）两位学者的研究比较典型。加德伯格和丰布兰指出，企业社会责任创造的无形资产，有助于跨国公司克服国家间障碍，便于全球化经营，建立当地竞争优势，赢得当地竞争对手。在他们看来，企业社会责任活动成为跨国公司在创造合法性、建立企业声誉和竞争优势中一个关键强化因素。他们分析了企业社会责任产生无形资产的原因，认为企业社会责任产生无形资产有两个方面的原因：首先，像对研究与发展（R&D）和广告的投资一样，对企业社会责任的投资有利于跨国公司在当地市场树立品牌和声誉而实施差异化战略。他们认为，由于企业社会责任有利于跨国公司形成珍贵而稀缺的声誉资本，这样就会进一步增强

[①] 李文茜、刘益：《技术创新、企业社会责任与企业竞争力——基于上市公司数据的实证分析》，载于《科学学与科学技术管理》2017 年第 1 期。

跨国公司与东道国政府谈判时获得更有利合同、吸引潜在员工、索取产品溢价、降低资本成本等方面的能力。其次，企业社会责任有助于提升跨国公司公民形象，从而使其能更好地融入当地社区的社会结构中。跨国公司这样做是通过增强公司、员工和当地社区的关系，进而提高他们之间的信任并创造社会资本。所以，企业社会责任使社会认识得以统一化，而这是跨国公司在多国市场经营中所必需的。

加德伯格和丰布兰为此构建了一个把企业社会责任和跨国公司竞争优势（由无形资产所致）联系在一起的模型（见图2－3），并从企业社会责任内容方面具体分析了影响跨国公司竞争优势的种种因素。他们运用两个变量来描述与企业社会责任内容相关的问题：（1）接受范围（range of acceptability），即跨国公司保持合法性时其战略相似性范围。（2）公民顾客化程度，即跨国公司使其社会责任活动项目适应当地的程度。企业社会责任活动是跨国公司差异化战略的组成部分。它们与跨国公司的研发活动和广告活动相补充，促使当地人把跨国公司看作是创新型、极好型的企业。然而，不同的跨国制度压力表明，企业社会责任活动的适应性会影响这些活动是否能产生无形资产，并进而通过其产生竞争优势。一项企业社会责任活动的适应性显示了该活动在由特定制度环境决定的一系列可接受活动中的相对地位。这种地位其本身又受顾客化程度的影响，这种顾客化要求跨国公司能成功地开展企业社会责任活

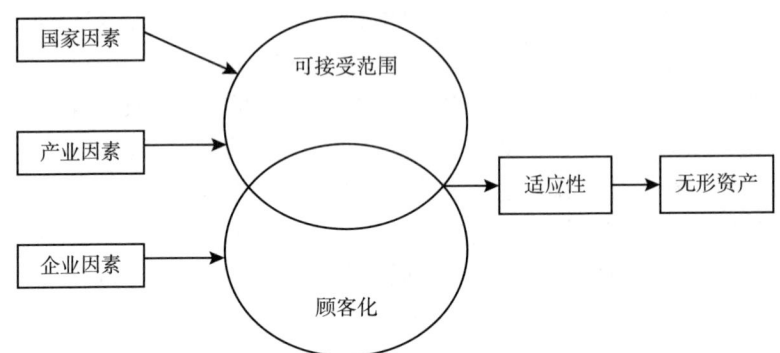

图2－3　企业社会责任与全球性企业竞争优势关系模型

资料来源：Gardberg & Fombrun, Corporate Citizenship: Creating Intangible Assets across Institutional Enviroments. *Academy of Management Review*, No. 2, 2006, pp. 333.

动。图中圆圈交叉的区域代表了一个典型跨国公司为适应当地制度环境而进行的企业社会责任活动范围。加德伯格和丰布兰进而详细地分析了跨国公司社会责任可接受范围和公民顾客化的影响因素。其中跨国公司社会责任可接受范围受到国家和产业两方面因素的影响，国家对当地可接受性的影响主要表现在监管、认识和规范三方面，而产业部门对当地可接受性的影响主要表现为产业的熟悉度和可见度。企业对企业社会责任活动顾客化的影响因素主要体现在跨国公司国际经验、当地市场经验、当地雇员水平、活动的集中性、子公司的作用等因素方面。

此后，一些学者进一步从实证的角度研究了跨国公司社会责任对其竞争优势的影响。马鲁菲等（Maruffi et al., 2013）研究了企业社会责任对跨国公司竞争优势的影响，研究结果显示，在经营跨国公司的股东（代表经济利润目标）和利益相关者（代表企业社会责任）模型之间，利益相关者方法更为优越。从效率和公平的角度来看，企业社会责任既能改善社会绩效，又能提高企业利润，是一种更好的策略，此外，跨国公司由于其规模，实施企业社会责任时比外国政府更有能力实现社会目标。辛格和米斯拉（Singh & Misra, 2021）从欧洲跨国公司的角度对企业社会责任与跨国公司绩效之间的关系进行了实证研究，结果表明，对外部利益相关者实施的责任会影响公司绩效，并且这种影响在知名度高、声誉好的公司和声誉差的商业公司之间存在明显差异。安（An, 2021）研究了企业社会责任对跨国公司海外收入的影响。研究发现，企业社会责任评级与跨国公司海外收入有着积极的关系，而且企业社会责任在不同的东道国表现不同：具有较高企业社会责任评级的跨国公司在发达国家产生的收入比不发达国家/地区多；消费更多可持续能源、拥有更多绿色客户、更关心员工权益、拥有更具竞争力的股票市场的海外市场增强了企业社会责任对跨国公司海外收入的影响。

国内对于跨国公司社会责任的研究大致可以归为两大类，研究中都涉及跨国公司社会责任概念的界定。一类是以 SA 8000 或跨国公司的守则为核心，研究跨国公司推行的 SA 8000 标准或守则及其相关问题，主要关注的是跨国公司社会责任的标准界定、实施及其影响。这类研究成果数量所占比例非常大，部分成果已经形成专著，诸如，在调查的基础上，谭深和刘开明（2003）阐述了针对跨国公司的社会责任/生产守则的争议以及在中国实施所面对的问题；黎友焕（2004）对 SA 8000 的产生发展、基本内容、认证咨询及其在中国推行的状况进行了系统的研究。另一类是对跨国公司社会责任基本理论层面的研究，这类研究的数量极其有限，尚未形成系统性的理论，从中难以寻觅到专著，常见的是一些论文。例如，冼国明和李诚邦（2004）运用博弈论方法分析跨国公司社会责任行为产生的原因；葛顺奇和李诚邦（2003）阐述了有关跨国公司在东道国承担社会责任的理论及其相关问题。

2.4 本章小结

从以上文献中可以看出，现有研究仍存在以下不足：（1）国内外学者虽然对跨国公司社会责任的概念、内涵、驱动因素、影响因素、战略价值等方面进行了多学科、多视角、多种方法的分析和研究，但从研究内容上看，关于企业社会责任与跨国公司竞争优势、跨国公司社会责任与海外子公司竞争优势关系的系统性理论研究还较为有限。（2）跨国公司海外子公司竞争优势研究方面。虽然学者们围绕跨国公司海外子公司竞争优势的来源基于资源、知识、学习、创新、网络嵌入等理论从母国、东道国市场行为、经济行为层面研究了跨国公司海外子公司竞争优势的"获取"和"利用"问题，但从包括企业社会责任在内的企业组织行为视角研究跨国公司海外子公司竞争优势来源的文献相对有限，尤其是跨国公司在东道国履行企业社会责任对子公司与当地利益相关者关系的影响、对子公司当地嵌入的影响进而是否对子公司竞争优势产生影响的系统性研究尤为薄弱。（3）企业社会责任与公司竞争优势的关系研究方面。学者们针对企业社会责任对公司竞争优势的影响进行了卓有成效的研究，尤其是企业社会责任对公司绩效影响的理论和实证研究更是硕果累累，虽然把企业社会责任的竞争优势观拓展到国际商务领域，研究企业社会责任对跨国公司及其海外子公司竞争优势影响的成果呈逐渐增加之势，但目前主要是围绕在发达经济体市场的跨国公司社会责任对其子公司竞争优势影响的研究，对包括中国在内的新兴经济体市场的跨国公司社会责任对子公司竞争优势影响的研究尤为匮乏。

因此，针对上述现有研究的不足，笔者基于网络嵌入理论，以跨国公司在华子公司为研究对象，把跨国公司社会责任对在华子公司竞争优势的影响作为本书的研究内容，拟从跨国公司在华子公司东道国网络的角度较为系统地研究跨国公司社会责任影响在华子公司竞争优势的机制和路径问题，创建社会责任影响跨国公司在华子公司竞争优势机制的理论框架和概念模型，并对此进行实证研究和分析。

第3章 社会责任对跨国公司在华子公司竞争优势影响的理论分析

本章拟提出本书的理论框架。首先基于资源观分析了跨国公司海外子公司竞争优势的来源问题，然后围绕东道国网络与跨国公司海外子公司竞争优势关系、社会责任与跨国公司海外子公司东道国网络关系、社会责任与跨国公司海外子公司竞争优势关系进行了具体分析和研究。其中东道国网络特征与跨国公司海外子公司竞争优势的关系、社会责任对跨国公司海外子公司东道国网络的影响是分析和研究的重点。在这三组变量间关系理论分析的基础上，最后提出了本书的理论框架。

3.1 跨国公司海外子公司竞争优势来源的理论分析

资源观认为，企业是由特定资源和能力所构成的集合体，资源和能力可以在其中被转移和创造。这里的资源是指具有价值、可以利用的一切要素。这些资源是企业长期积累的结果，并非所有的资源都能在企业间自由流动，资源的差异性和企业利用资源的能力是企业形成竞争优势的基础。能为企业带来竞争优势的资源有四个特征：价值性、稀缺性、不可模仿性、不可替代性。将这一观点运用到企业的跨国经营之中，那么跨国公司就是由分散在若干区位的特定资源和能力所构成的、可以在其中进行资源和能力创造和转移的资源集合体。根据这一观点，跨国公司竞争优势来源于对海外经营区域内资源和能力的获取以及跨国公司内部的资源的转移和创造等方面。将跨国公司看成区位分散的资源和能力集合体就必然导致一个结论：跨国公司的竞争优势来自于在母公司形成的特有资源、能力优势与各区位子公司形成的特有资源、能力优势的整合，东道国是跨国公司竞争优势的重要来源之一。

站在跨国公司海外子公司的角度，跨国公司海外子公司竞争优势是跨国公司竞争优势在国外市场上的重要体现，子公司竞争优势的形成和增强离不开跨国公司母公司对其的资源支持。这对于进入国际市场初期的海外子公司而言尤为重要，总部的战略委派、母公司的资源投入是海外子公司成长的动力，子公司竞争优势的形成来源于母公司优势的转移和运用。母公司尽可能地发挥其所有权优势、企业专用资产优势等，"自上而下"地给子公司提供资源和能力，培养子公司的竞争优势（Hymer，1960；Buckley & Casson，1976；Dunning，1977）。跨国公司拓展国外市场、建立国外子公司的过程成为跨国公司创造知识、复制知识和知识在企业内部进行跨国界转移的过程（Kogut & Zander，1993）。在这个过程中，跨国公司不断地进行知识获取、转移和整合，从而改变原有的知识存量，创造出新的专有知识，使跨国公司子公司的知识资源也得到扩展。这种资源扩展主要发生在跨国公司母公司中，它体现出跨国公司成长和演进的过程，反映出跨国公司竞争优势在国外市场的扩展，即子公司竞争优势的建立。

但随着时间的推移，在全球化和当地化的压力下，跨国公司海外子公司在进一步发展的过程中，其逐渐成为区域市场有力的回应者，成为重要研究任务的承担者以及总体战略规划实施中的积极参与者，基于自身基础上的资源扩展成为子公司竞争优势的又一重要来源。众多学者的研究也表明，跨国公司子公司正逐渐成为资源和能力的创造者，子公司竞争优势可以建立在自身基础上而非基于母公司层面。哈默和普拉哈拉德（Hamel & Prahalad，1985）对日本跨国公司在美国生产运营扩张的实证分析中指出，日本子公司的成长除了母公司的支持，在某种程度上也是自身对地方环境适应的结果。学者们（Young，Hood & Peter，1994；Delaney，1996）对于苏格兰和爱尔兰海外子公司的实证分析也表明，子公司的自主行为是其发展的驱动力。伯金肖（Birkinshaw，1995）基于子公司的自主行动和首创精神，指出子公司领导所体现的远景和实施的行动促进了子公司专门资源的形成和扩大，这些专门资源为子公司管理人员提供了进行创新的机会。伯金肖（Birkinshaw，1996）

进一步研究发现，子公司自身形成的独特能力推动了子公司的成长，而这种独特优势来源于子公司的企业家管理资源，不是由母公司直接提供的。张（Chang，1996）运用模型清晰地阐明了跨国公司海外子公司的成长是一系列资源投入与自我能力构建的过程。国内学者任胜钢和李焱（2005）的研究也指出，跨国公司海外子公司并不仅仅按照母公司的战略意图发展，也在一定程度上通过自身的网络关系发展来积累有价值的能力和资源。

以上分析表明，作为跨国公司海外子公司竞争优势基础的子公司其特定资源和能力从其区位来源上看，除了母公司层面外，东道国是其重要的来源之一。这种来自东道国的资源可以分为东道国子公司层面的特定资源和东道国特定的区位资源。东道国子公司层面的特定资源是子公司所特有的、具有异质性和不完全流动性的资源，是子公司的战略性资源。科格特（Kogut，1991）认为这种根植于东道国子公司层面的资源和能力具有黏性、不易扩散性，其原因在于四个方面的因素：技术机会主义（technological opportunities）、选择性力量（selection forces）、识别能力（identifiability）和制度锁定（institutional lock-in）。东道国特定的区位资源或国别资源是来自东道国的资源禀赋，或者按照古典经济学的术语，来自东道国的比较优势，国别资源能够被东道国某种产业内所有的竞争性公司按照平等的条件使用。因此，不能阻止其他公司模仿既定公司利用国家特定资源的组合。然而，既定公司获得这些资源或者先占其使用权的能力却要依靠特定企业的政治能力。并且，一些学者认为国别资源是动态的，会随着时间而改变。法伊（Fahy，2002）将国别资源划分为基本国别资源（based country-specific resources）和高级国别资源（advanced country-specific resources）。基本国别资源包括继承而来的资源，比如土地、地理环境、气候、自然资源储藏，以及相对固定或周期性变化的资源，如一般劳动力和资本的成本、汇率水平、税负水平等。与之相对应，高级国别资源指需要持久性投资才能形成的、被作为国家标志的国家能力（country capabilities，Kogut，1991），包括国家的教育体系（Davidson，1989）、技术与组织管理能力（Kogut，1991）、通信与市场结构（Porter，1990）、劳动力生产效率（Jansen & Sakate，1993）等。更为广义地讲，国别资源是指位于企业之外，由于不完全跨国流动（imperfectly mobile across borders）只能在某一国内利用的资源

(Dunning，1977）。孙新华（2007）进而把跨国公司可利用的东道国资源划分为东道国企业资源和东道国国别资源，其中前者包括东道国企业战略性资源和东道国企业一般性资源，后者包括东道国共享性高级资源和东道国共享性一般资源。

3.2　东道国网络与跨国公司海外子公司竞争优势

3.2.1　跨国公司海外子公司东道国网络的战略性分析

根据跨国公司的网络观，跨国公司是一个组织间网络系统（Bartlett & Ghoshal，1989），跨国公司海外子公司嵌入在两个不同的网络中，一个是由跨国公司内部成员关系构成的跨国公司内部网络（或称为内部网络），一个是由海外子公司所处东道国市场和社会关系构成的东道国网络（或称为外部网络）（Andersson & Forsgren，1995）。出于研究目的，笔者所说的海外子公司网络主要是指跨国公司海外子公司外部网络，或跨国公司海外子公司东道国网络。

跨国公司海外子公司东道国网络是一种十分重要的外部网络，跨国公司最为重要的关系有80%来自东道国网络（Andersson et al.，2002）。东道国网络关系不仅是海外子公司经营国外业务和拓展市场的基础，更是海外子公司创造、获取和利用各种资源和知识，构筑竞争优势的重要来源。海外子公司自身知识和能力的创造很大程度上依赖当地的知识来源（Schmid & Schurlg，2003）。因此，海外子公司与东道国网络伙伴间的关系对于子公司自身关键资源和能力的开发具有非常重要的意义。一方面，企业的组织网络本身就是一种无形资源（Hall，1992），网络是一种用来感知和实施企业战略的特殊类型的企业资源（Barney，1991）。另一方面，网络是资源的触发器（郭劲光和高静美，2003），通过组织网络，企业得以获得组织外的资源和能力。网络为企业提供了接近各种资源（如信息、知识和有形资产）的渠道，为企业提供了影响力和组织合法性资产（Gnyawali & Madhavan，2001）。由于网络的产生具有路径依赖性，所以企业的组织网络是异质性的、难以模仿的，相应地，通过组织网络获得的资源也具有相对的难以模仿性和难以替代性（Gulati, 1999；Gulati, Nohria, Zaheer, 2000）。对于跨国公司及其子公司而言，由于各子公司嵌入在不同的当地网络中（Ghoshal & Bartlett, 1990；Ghoshal & Nohria, 1989；Forsgren et al., 2000；Anderssen et al., 2002；Schmid & Schulg, 2003），各自拥有异质的网络关联和地位，并融汇于不同的知识、机会和资源之中，因此形成了跨国公司的差异化外部网络。海外子公司外部网络成为跨国公司的一种重要的战略性资源，是跨国公司及其子公司与外部组织交互能量的路径和通道，是将"源头"资源和能力移向自身的主要通路（刘婷，2009）。根据社会网络理论和跨国公司海外子公司网络理论，学者们为更好地研究跨国公司海外子公司竞争优势等企业行为和子公司东道国网络特征，常常要引入"嵌入"的概念，并发现东道国网络特征对跨国公司海外子公司竞争优势有着明显的影响。"嵌入"的概念来源于社会网络理论，嵌入问题是基于个人理性与自利动机的一种交互行为（Granovetter, 1985）。在研究海外子公司问题时，"嵌入"被用作描述子公司处于其所在网络中的深入程度和地位，以及由此产生的受所在网络影响的强烈程度。在研究海外子公司东道国网络特征时，学术界常采用格兰诺维特（Granovetter, 1992）提出的"关系—结构"两维度体系来描述和衡量网络特征。格兰诺维特将嵌入方式分为两种：关系性嵌入和结构性嵌入。关系性嵌入是以双边交易的质量为基础，表现为交易双方重视彼此间的需要与目标的程度，以及在信用、信任和信息共享上所展示的行为。关系嵌入观点强调组织间直接紧密的联系是获取优质精确信息的机制，有直接联系的参与者相互之间在分享公共信息和特有信息方面都十分方便，一般用关系强度、关系质量等变量来衡量。结构性嵌入可以看作群体间双边共同合约相互连接的扩展，这意味着组织之间不仅具有双边关系，而且与第三方有同样的关系，使得群体间通过第三方进行连接，并形成以系统为特征的关联结构。结构嵌入的观点超越了组织间直接联系的观点，认为信息可以通过网络结构本身来传播，关注的是网络整体的特征和网络成员在网络中的位置，特别强调处于不同位置能够带来不同的资源控制和行动优势，一般用网络规模、网络中心度和网络异质性等变量来衡量。

3.2.2 东道国网络关系特征与跨国公司海外子公司竞争优势

在关于东道国网络与跨国公司海外子公司竞争优势的研究中，众多文献关注的是关系嵌入问题。首先，关系嵌入具有知识获取效应。在组织与环境的互动关系研究中，科恩和莱文塔尔（Cohen & Levinthal, 1990）首创"吸收能力"的概念（absorptive capability）来描述企业识别、吸收和商业化新信息的能力，这种能力被认为是企业获取竞争优势的关键。由于企业拥有的隐性知识根植于特定的社会背景和当地文化之中，难以被外部企业模仿，对隐性知识的获取只能来源于互为影响的密切关系，只能通过相互学习而吸收。如果没有与其他企业建立基于信任、关系专用投资和路径依赖的嵌入关系，就很难通过学习来获得隐性知识（Uzzi, 1997; Nahapiet & Ghoshal, 1998; Dhanaraj, 2003）。因此，关系嵌入有助于获取隐性知识。其次，关系嵌入影响跨国公司海外子公司竞争优势。一些学者实证研究了关系嵌入对跨国公司海外子公司市场绩效的影响[①]。安德森（Andersson, 1999）通过对位于中国、瑞士、芬兰等国家的海外子公司成长的实证研究得出结论：子公司当地网络嵌入尤其是技术嵌入程度与其市场绩效呈正相关，并由此得出结论：子公司周围商业网络的差异是导致子公司绩效不同的重要成因（Andersson, 2000）。安德森等（Andersson et al., 2001, 2002）后来的进一步研究发现：子公司与当地供应商和顾客的关系越深入越具有重复性，接触越广泛业务嵌入的程度越大，且它从当地环境中获得复杂知识和隐性知识的能力就越强，因此，市场绩效也就越好。这些学者认为，与顾客和供应商长期关系的存在使得子公司能更好地理解顾客的要求和供应商提供投入的能力，因此能改善子公司的营销或采购活动。从环境中吸收新知识的能力也会影响到子公司的创新能力。最后，子公司基于与其他组织的信息交换的技术开发活动越多，也就是技术嵌入程度越

[①] 应该指出的是，资源观侧重解释的是企业竞争优势的来源，而企业竞争优势的存在说明企业间具有绩效的差异，因此笔者在此处把企业竞争优势的存在同企业绩效的差异性等同起来，认为资源观也说明了企业绩效异质性的来源。关于竞争优势与企业超额绩效的关系的具体研究可参考 Powell, T. C.（2001）。

高，其创新能力也就越高，并由此提高其市场绩效。

在表征网络关系特征时，关系强度是一个非常重要的维度，反映的是组织间直接交换过程中的对偶性关系紧密程度，强调交换过程中的关系质量、彼此互动、合作的稳定性与持久性。约翰和德马克（Johns & Demarche, 1951）第一次使用强度术语来比较组织间互动，霍尔（Hall, 1963）用"关系的质量"来表示组织间联结的程度。格兰诺维特（Granovetter, 1973）将关系分为强关系和弱关系两种，认为关系的强弱取决于以下四个因素：一是互动的频率；二是情感的强度；三是亲密的程度；四是互惠交换的程度。学术文献中，学者们一般基于格兰诺维特对关系的划分来衡量网络关系的强度。而探讨网络关系强度的意义在于其对企业有价值的信息和资源的获取与利用提高了企业竞争优势上的影响。

格兰诺维特非常强调弱关系对行动者的意义，他认为弱关系是一种当事人与外界接触的关键通道，是行动者之间的松散关系，通过这种弱关系，行动者能接触到与自身知识背景非常异质的网络节点，可以为行动者提供异质性非常高的信息，行动者往往能够获得自己需要的信息，这种信息更能带来行动者行为的改善以及绩效的提高。而如果是强关系，通常信息的同质性较高，这样就不太容易建立供求之间的匹配关系，或者对有用的信息大家都有需求，则会导致信息的价值降低。一些学者对这种观点持反对意见，他们认为强关系比弱关系作用大。如一些学者通过日本的汽车产业观察，认识到制造商与供应商的强关系更能促进合作与交流，并带来黏滞性知识的共享与转移，紧密的关系也是竞争对手难以模仿的，从而更能促进绩效的提高（Dyer & Singh, 1998; Dyer & Nobeoka, 2000）。克拉克哈特（Krackhardt, 1992）也认为，强关系更容易影响以及更便于帮助相关行为者。此外，乌兹（Uzzi, 1997）发现，强关系是有用知识的重要渠道，强关系通过信息共享、信任与共同解决问题等作用机制，有利于非独立知识与隐性知识的转化与传递。在乌兹研究的基础上，麦克维利和马库斯（McEvily & Marcus, 2005）在其实证研究中用信任、信息共享与共同解决问题具体测度了组织间关系的强度，并认为这三者在对企业能力的获取方面发挥的作用是不一样的，信任与信息共享作为组织关系的关键特征促进了竞争能力，但这两种机制还不足以使组织获取竞争能力所必需的隐性知识，而共同解决问题这种机制在企业获取难以编码化知识中扮演着重要角色,它直接促进了企业能力的获取,而前两种机制是通过共同解决问题这种机制间接作用于竞争能力而获取的。此外,一些学者的研究试图调和这两种相互冲突的观点,探讨网络的强、弱关系在不同情景因素下对不同性质资源的获取发挥着不同的作用。如汉森(Hansen,1999)认为,"强"关系有利于复杂和隐含性知识的转移,而"弱"关系有利于编码性知识的转移。罗利等(Rowley et al., 2000)引入产业环境这个情景变量,研究结果表明,在产业环境相对稳定时,企业的战略导向注重对现有资源的利用,在此种情况下,强关系与紧密的网络关系能促进企业绩效的提高;而在产业环境相对动态时,企业的战略导向是更注重对新机会、新资源的探索,在此种情况下,弱关系与松散的网络关系能促进企业绩效的提高。范德安和埃尔弗林(Van der An & Elfring,2002)研究了集群网络内部强关系和弱关系对于显性知识和隐性知识创造和扩散的影响,他们认为强关系非常有利于隐性知识的交流,而弱关系更有利于显性知识的交流。安德森等(Andersson et al., 2002)在专门针对跨国公司海外子公司的研究中指出,"弱"关系使跨国公司子公司面临环境中的各种刺激因素,提供了子公司获取价值性知识的意识;"强"关系提高了子公司与利益相关者在专有技术和专门技能等资源方面的交流和合作。雷如桥和陈继祥(2004)认为,企业需要在强联系和弱联系间寻找一种平衡,才能取得较强的市场地位。从创新的角度出发,强关系和弱关系相对平衡的一个重要因素是创新的幅度,创新幅度包括激进式和累积式创新两种,以弱关系为主要特征的网络控制较为宽松,有利于获取和采纳外部新的思想和工作方式;以强关系为主要特征的网络具有很强的内部控制,有利于程序问题的快速解决,增加决策制定和实施的稳定性和网络成员的忠诚度。可见,弱关系与强关系对企业都是非常重要的,在不同的情景因素下,两者发挥着不同的作用,帮助企业获取不同的资源,影响企业的竞争优势。

对于跨国公司海外子公司网络而言,子公司与各种外部行为主体之间存在着典型的强—弱关系特征。这是比较容易理解的,因为与海外子公司发生直接关系的外部行为主体种类多、范围广、性质差异明显,它们与子公司在"互动的频率、情感的强度、亲密的程度、互惠交换的程度"方面很难达到同等的程度,必然存在差异性。虽然弱关系与强关系对企业都是非常重要的，但是笔者认为，相对于弱关系，强关系对跨国公司海外子公司增进竞争优势更为重要，其原因在于：

第一，从跨国公司海外子公司获取的东道国资源性质来看，需要建立强关系。由于跨国公司各个子公司之间以及子公司与母公司之间通常在地理距离与文化距离上存在较大差异，因而特别容易形成国别性或区位性专有知识（country-specific knowledge）。它是一种基于当地市场、管理实践与经营环境而积累起来的企业知识，而每一个海外子公司都是这种国别性专有知识的子集合体。国别性专有知识成为跨国公司无形资产租金和垄断力量的一个源泉，也是子公司特定优势形成的重要来源。由于子公司这种国别性专有知识产生于不同的任务与制度环境中，往往和政策、消费者特性、当地企业网络等交织在一起，属于复杂嵌入或关系嵌入类的知识，是隐性知识或默会性知识。所以，这种知识很难从要素市场上得到，只能通过子公司在当地市场上的实际运作得到。如前所述，由于"强"关系有利于复杂和隐含性知识的转移，所以，获取这类知识，子公司只能通过强关系来实现。因此，跨国公司海外子公司为获取更多的这种国别性专有知识，需要其外部网络中更多强关系的建立。

第二，从跨国公司海外子公司网络学习的角度看，需要建立强关系。巴特莱特和葛歇尔（Bartlett & Ghoshal，1989，1991）认为，全球学习能力与灵活性、效率一样，已经成为跨国公司在动态环境中赢得竞争优势的关键。而跨国公司海外子公司正成为其全球学习的重要承担者。海外子公司通过各种经济社会关系建立起东道国网络，从而嵌入当地环境中，获取各种知识和信息并创造出新的知识，这种学习行为是一种网络学习。通过网络学习，子公司可以吸收当地知识，并与原有知识进行整合，可以有效地提高子公司的知识存量和当地的反应能力，增强子公司的竞争优势。有关研究显示，在经济交换关系里，两个参与者之间亲密且频繁的接触会促进交流和加速信息交换，而高频率的接触加强了两个组织间的关系，提供了控制交换合作者的机会，使得彼此之间更容易协调和学习。海外子公司如果能够越深地嵌入当地的网络中，就越能够获取到当地知识，而子公司的外部网络嵌入程度越深，就越多地表现为强关系。这意味着子公司网络中强关系的建立，有利于子公司学习效率的提高。因此，子公司为提高学习效率，获取和吸收更多的当地知识，需要更多的网络强关系的建立。

第三，从子公司战略角色的角度看，子公司需要建立强关系。自从跨国公司网络观出现之后，跨国公司海外子公司被赋予不同的战略角色，并得到学界和实践界的普遍认可。海外子公司战略角色的改变一般是通过跨国公司母公司的特许和控制方式的改变来实现的，一旦某一个海外子公司战略地位提升，常常意味着母公司会赋予子公司更大的特许权，实施低控制方式，子公司的"自治性"会得到进一步提高。伴随着战略地位的提高，海外子公司一方面会获得母公司更多的资源和能力支持，另一方面子公司的创造性和主观能动性更容易发挥出来，子公司会更加努力寻求、开发和积累适当的资源和能力，进一步维持和增强自己的竞争优势地位。然而，海外子公司的战略地位、角色类型取决于其所控制的资源及其对跨国公司的贡献程度。如果海外子公司资源和能力水平很高的话，子公司就会被赋予战略领导者或贡献者的角色（Bartlett & Ghoshal，1986；Ghoshal & Bartlett，1989）。前文已论述，海外子公司如果能够越深地嵌入当地的网络中，就越能够获取到当地知识，进而提升自己在整个跨国公司中的战略地位。而且许多学者发现子公司独特的战略角色不仅与其内部关系有关，而且越来越依赖于其外部网络。安德森和福格伦（Andersson & Forsgren，2000）研究显示，网络中外部关系对子公司的嵌入程度越高，子公司与业务伙伴合作与协调的层次就越深，预示着知识变革的可能性越大，对跨国公司的知识贡献也越大。安德森和福格伦（2002）进一步指出，子公司的外部网络嵌入程度越深，越多地表现为强关系，其战略重要性就越突出。因此，出于提升其战略地位的考虑，子公司东道国网络需要更多强关系的建立。

3.2.3 东道国网络结构特征与跨国公司海外子公司竞争优势

结构嵌入会影响组织获取信息和资源的数量以及信息和资源的对称程度，从而提高决策效率和效果，并推动组织创新，进而影响组织绩效和竞争优势。为更深入地研究东道国网络结构特征对跨国公司海外子公司竞争优势的影响，笔者接下来从东道国网络规模、网络异质性、网络结构位置特征等方面分析其对海外子公司竞争优势的影响。

1. 东道国网络规模和网络异质性与跨国公司海外子公司竞争优势

资源基础论认为，企业是一个资源的集合，如果企业想完全利用它们所占有的资源，增进和发展竞争优势，企业就可能需要从外部获取资源，而企业外部网络为企业提供了丰富的资源。企业外部网络是企业外部关系的集合。边燕杰（2004）指出，规模大、差异明显的网络是有利于获取社会资本等资源的，组织网络规模越大，包含的资源信息越多；网络差异越大，蕴含的资源优势就越明显。

网络规模衡量的是网络的大小，或者说是网络包含的节点数量，是以网络连接形式体现的网络中存在的关系数目或关系种类数目。一般而言，企业的网络节点数目越多，企业与这些节点建立的关系越多，企业的网络规模越大。网络连接提供了接近资源的机会，网络规模决定了网络中行动者可以有效利用的关系数，也决定了行动者可以获取的资源的丰裕程度。因此，网络规模越大，网络中包含的关系数目越多，网络中蕴含的潜在资源越充足，越有利于企业知识和资源的获取以及竞争优势的提高。

网络异质性或差异性是用来衡量一个网络成员中全体成员在某种特征上的差异情况的指标。网络中的每个组织都是一个资源束，如果网络中的成员拥有不同的类型、数量、内容的资源，那么整个网络的资源就会更丰裕，网络的社会资源总量就更大，也就意味着企业可以通过网络获取的外部资源更丰富，越有利于自己竞争优势的增强。

在关于跨国公司海外子公司东道国网络研究中，众多文献涉及子公司东道国网络成员构成及其差异化问题。葛歇尔和巴特莱特（Ghoshal & Bartlett, 1990）在研究跨国公司网络差异化问题的过程中，就明确指出了跨国公司海外子公司与所在环境的客户、供应商、规制者、竞争者等的黏结性水平或关联程度而形成的网络成为跨国公司差异化网络中的重要组成部分。波特（Porter, 1990）在其《国家竞争优势》一书中指出，跨国公司海外子公司外部网络包括与当地政府、供应商、当地合作组织与支持机构、竞争者及客户等之间的关联所形成的网络，并具体分析了海外子公司如何嵌入在外部网络之中的。他表示，当地产品市场、要素市场、竞争者及当地制度的差异对企业竞争优势的形成起到十分重要的作用。在当地的外部网络嵌入体系中，政府规制与政策能促进和加速产品质量认证，确立市场准入和提供客户信息；供应商能为海外机构提供某些新产品的信息（Dosi，1988）；当地合作组织与支持机构能为机构提供专业知识、人力资源等协助；竞争者可以成为结点创新与发展，实现赶超或领先的触发力，或成为机构的合作者影响企业的竞争优势（Chetty & Wilson，2003）；客户需求可为组织提示市场信号，并有利于企业发展新的能力（Mascarenhas et al.，1998；Frost et al.，2002）。安德森等（Andersson et al.，2002）的研究指出，跨国公司海外子公司网络除了包括与东道国消费者、供应商基于经济利益考虑而发生的联系外，子公司与贸易协会、当地政府机构、新闻媒体等所形成的非商业关系也愈益重要，这些都影响着子公司的经营业绩和它在跨国公司中的地位和作用。施密德和舒利格（Schmid & Schurig，2003）从资源基础观对跨国公司海外机构的资源、能力和竞争优势的发展做了进一步的剖析，指出包括外部市场客户、外部市场供应商、销售商、竞争者、外部市场研发单位、政府规制等在内的东道国外部网络伙伴在对子公司核心能力培育和竞争优势发展中发挥着关键的作用。

2. 东道国网络结构位置特征与跨国公司海外子公司竞争优势

根据社会网络理论，参与网络中的组织其行为与结果除了会受其直接连接与间接连接的组织影响外，也会受到组织在整个网络结构中占据的位置的影响。每个组织由于其本身条件的不同，与其他组织连接方式的不同，将造成其在网络中位置的差异，同时决定组织在网络中所扮演的角色。在网络中，两种位置非常关键，一是网络的结构洞位置，二是网络的中心位置。结构洞这个概念最早是由美国著名社会学家伯特（Burt，1992）提出来的，后来被许多管理学者应用到对组织管理的相关研究中。所谓的结构洞就是两个行动者之间的非冗余的关系，非冗余在某种意义上就是一种"断联"（disconnected），直接意义上是指没有直接联系，间接意义上是指有排他性联系。所谓的结构洞位置就是指建立在双方没有直接接触，或是间接看来不拥有共同关系的两类行动者间的"桥"①。学者们研究发现，结构洞位置对企业的竞争优势和绩效有着重要影响。例如，伯特（Burt，1992）认为，结构洞的存在，为处在结构洞的行动者提供了保持信息和控制信息的两大优势。伯特还依据结构洞理论对市场经济中的竞争行为提出了新的社会学解释。他认为，竞争优势不仅是资源优势，而且更重要的是关系优势，即只有结构洞多的竞争者，其关系优势才大，获得较大利益回报的机会才高。任何个人或组织，要想在竞争中获得、保持和发展优势，就必须与相互无关联的个人和团体建立广泛的联系，以获取信息和控制优势。扎希尔和贝尔（Zaheer & Bell，2005）发现，企业所拥有的网络结构洞越多，企业掌握的信息及控制的资源越多，则企业的机会就越多，绩效也会更好。麦克维利和扎希尔（McEvily & Zaheer，1999）也指出，在企业的网络结构中拥有较多的桥联系，企业就可以获得信息优势及联系节点的异质性，从而使得竞争优势增强。

至于网络的中心位置，常常与网络中心性这个概念相联系。网络中心性是网络中极为重要的特征，它通常用来描述单个企业在网络组织中的位置，当行动者介入网络中的所有联系时，或者说，行动者一方不存在结构洞而其他与之相联系的企业之间却存在结构洞时，行动者的网络中心性明显，行动者就越处于网络中心位置的地位。这也意味着结构洞与网络中心性之间存在着密切的联系，企业所拥有的网络结构洞越多，企业就越处在网络的中心位置（Zaheer & Bell，2005）。网络的中心位置特征特别重要，因为其代表了系统性的网络中地位的差异，也有利于拥有这种地位的成员形成新的有价值的联系。居于网络中心位置地位的企业，常常享有很高的网络自主性。而一个结构自主性高的企业被认为可以享有更多的更有效的资产流、信息流和权力流，而这些都将成为竞争优势的来源（Gnyawali & Madhavan，2001）。库克（Cook，1983）也认为，位于中心的组织与其他组织的连接关系多、地位高、影响力大，

---

① 根据结构洞有关理论，结构洞分为受限和非受限结构洞。如果两个网络节点 A 和 B 之间除了 C 之外没有其他节点，那么 C 所占据的结构洞就是非受限的结构洞。反之，如果两个网络节点 A 和 B 之间除了 C 之外，还有其他节点，这时 C 所占据的结构洞就是受限的结构洞。显然，跨越非受限结构洞的节点 C 将由于其居间的唯一性获得更多的信息与资源收益，但跨越受限结构洞的节点同样也能获得一定的信息与资源收益，只是收益的程度不同而已。而且，学者们分析结构洞对组织行为影响时，一般常常以非受限的结构洞为分析的前提。跨国公司子公司网络中同样存在这两类结构洞，但笔者这里沿袭主流的分析方法。

是各种资源集聚的中心。在网络中，中心企业会运用其占有的地位和关于其他企业能力的详细信息以及信息仲裁的可靠性来获取利益，或者通过更集中于中心位置的信号属性来获取利益。

由此可见，企业的网络结构位置非常重要，它与资源和信息的分布存在着密切的联系，在一定程度上能决定企业所能拥有资源和信息的多寡与品质的高低，从而对企业的竞争优势产生重要影响。因此，对于一个企业而言，获取结构位置优势也是其增强和提高自身竞争优势的重要组成部分。对于海外子公司的外部网络来说，在每一时点，海外子公司和其他网络成员在网络中都有特定的位置。这些位置刻画了网络成员间的关系。由于网络位置是网络中海外子公司和其他网络成员前期活动的结果，并成为促进和限制海外子公司发展的基础（Johanson & Mattsson, 1957）。所以，获取位置优势不但对跨国公司海外子公司是必要的，也是可行的。

3.3 社会责任与跨国公司海外子公司东道国网络

3.3.1 社会责任与跨国公司海外子公司东道国网络体系

1. 社会责任与跨国公司海外子公司网络：基于交易成本经济学视角的分析[①]

惠双民（2002）指出，网络的一个重要特征就是网络参与者必须进行不可收回的专用性投资，参与者的这种专用性投资可视为参与网络的有效抵押品，它既能起到网络参与的甄别作用，又能起到诱致其他参与者参与网络的可置信承诺。这样每一个参与者就会形成自我实施的单边协议，每一个参与者这种自我实施的单边协议相互激励、相互诱致，

---

① 丰布兰（Fombrun，1996）关于"企业社会责任与个人与组织网络的关系"进行了开创性研究。由于查阅不到作者的这一经典论著作为参考，于是本人根据社会契约论和交易成本经济学的相关内容做出一个理论解释。

于是网络就此形成并不断扩大起来。并且,现有网络参与者的专用性资产的价值因新的参与者的加入而不断增值,同时,新参与者也获得专用性投资的收益。由此,私人运用不可收回的专用投资构成的可置信承诺,形成了一个可自我实施的私人秩序并不断加以扩展,而这种扩展的私人秩序的制度支持就是有保障的信誉或信任,这种信誉或信任是参与者为了扩展利益机会通过将不可收回的专用性资产作为抵押品而形成可置信承诺建立起来的。因此,网络的本质是一种私人秩序,而这种私人秩序的建立关键在于可置信的承诺,作为一种有效抵押的不可收回的专用性投资提供了自我实施机制得以维持的保障。也就是说,要形成有效的网络,关键是建立起参与交易的可置信承诺,为此,就必须进行不可收回的专用性投资作为信息显示和承诺放弃机会主义的抵押。

　　基于以上理论和逻辑,笔者认为,在跨国公司海外子公司外部网络的多种实现形式和渠道(如合作协定、许可协议、关系合同、分包、战略联盟等)中,跨国公司社会责任同样可以成为海外子公司外部网络的一种实现方式和手段,它对子公司外部网络的延伸与拓展起着重要的促进作用。根据企业社会责任理论和利益相关者理论,在现代社会中,任何一个企业的发展都离不开各种利益相关者的投入或参与,企业追求的是利益相关者的整体利益,而不仅仅是某个主体(如股东)的利益。这些利益相关者包括企业的股东、债权人、雇员、消费者、供应商等交易伙伴,也包括政府部门、本地居民、当地社区、环保主义者等压力集团,甚至包括自然环境、人类后代、非人类物种等受到企业经营活动直接或间接影响的客体。这些利益相关者都对企业的生存和发展注入了一定的专用性投资,他们或是分担了一定的企业经营风险,或是为了企业的经营活动付出了代价,企业的经营决策必须要考虑他们的利益,并给予相应的报酬和补偿。从这个意义上讲,能否有效地处理与各种利益相关者的关系成为企业生存和发展的关键,为此企业管理层必须对企业利益相关者的利益要求做出回应,而企业社会责任成为做出这种回应的一种有效方式。根据企业社会责任的工具性观点,企业社会责任是企业的一种投资。对跨国公司海外子公司而言,承担其在东道国的社会责任包括子公司对股东、债权人、雇员、消费者、供应商、政府、社区、媒体、非政府组织等众多利益相关者的经济责任、环境责任、法律责任、社会责任和慈善责任等,这都需要海外子公司投入相当的人力、物力、财力和时间,并且这些投资属于不可收回的专用性投资,是子公司的一种"沉没成本"。因为,如果不履行企业社会责任,企业就会面临东道国股东"用脚投票"、员工流失、消费者少买或不买产品、供应商中断合作、政企关系恶化、社区和非政府组织抵制、媒体讨伐等一系列的风险和威胁,会使海外子公司造成不可估量的损失。所以,海外子公司的企业社会责任作为一种专用性投资,能起到子公司诱致其他参与者参与网络的可置信承诺,形成子公司参与网络的自我实施的单边协议。实际上,企业社会责任作为组织的一种可置信承诺也得到了一些学者的实证支持(Duygu & Turker, 2009)。同时,子公司在东道国的这些利益相关者对子公司社会责任的关注同样需要他们投入大量的时间、精力、物力和财力,即进行专用性投资。例如,投资者的社会责任投资、消费者的社会责任行动等都属于典型的专用性投资。他们同样构成了子公司利益相关者参与网络的可置信承诺,形成子公司每一个利益相关者参与网络的自我实施的单边协议。这样,跨国公司海外子公司和其东道国的众多利益相关者各自通过进行专用性投资(前者通过企业社会责任,后者通过对子公司社会责任行为的关注和参与而进行的物力、财力、人力和时间的投资),形成可置信承诺的抵押品,建立起可自我实施的协议,从而形成一个有效的私人秩序/网络。这种基于企业社会责任的跨国公司海外子公司网络具有明显的开放性,它不但包括众多的市场交易主体,而且包括众多的非市场交易主体。

在跨国公司海外子公司这种网络中,通过履行企业社会责任,子公司与众多的组织和个人建立了联系,但子公司与各个组织和个人之间不存在强制的力量差别,不是通过强制来发生联系,而是通过利益诱致来发生联系[①]。对于跨国公司海外子公司而言,东道国赋予了它存在和经营的权利,给予了它更多、更优良的社会资源以及更多、更广泛的社会经济利益,使子公司在东道国获得了很高的投资回报率。所以,跨国公司海外子公司为进一步发展和长期利益的实现,不但需要对当地市场做出反应,而且还要对关系自己生存和发展的整体环境做出反应。为此,海外子公司就需要实施一种既符合自身经济利益又符合社会目标和公众利益的组织行为——企业社会责任行为,这是跨国公司海外子公司作为

---

① 惠双民(2002)把建立可置信承诺的自我实施机制分为诱致型与强制型两种类型,本书借用这一概念进一步分析了基于企业社会责任的跨国公司海外子公司外部网络的性质。

理性经济人做出的一种主动、自愿的行为选择。对于东道国（包括子公司的众多利益相关者）而言，跨国公司海外子公司的企业社会责任所带来的股东和消费者效用增加、政府经济社会负担减轻、东道国环境改善、媒体关注度提高以及东道国经济和社会发展等众多利益，诱致其对跨国公司海外子公司企业社会责任行为进行了高度的关注，进行了相应的人力、物力、财力和时间的投入。巴塔查里亚等（Bhattacharya et al. , 2009）认为，企业社会责任行动能为企业的利益相关者带来三方面的利益：功能性收益（functional benefits）、社会心理性收益（psychosocial benefits）（如社会认可等），以及利益相关者自身价值（values of stakeholders）的提升，这三种利益会因企业不同的社会责任行动在不同的利益相关者身上以不同的具体形式体现出来，这种利益会进而导致因利益相关者采取围绕企业的种种行动而付出必要的人力、物力、财力和时间的投入。因此，正是这种基于利益诱致型的自我实施机制所建立的可置信承诺使跨国公司海外子公司与东道国众多利益相关者建立起有效的网络。而这种网络的建立也在很大程度上反映了跨国公司海外子公司社会责任行为具有良好的社会嵌入性，它能使子公司更好地嵌入东道国环境中。

在跨国公司海外子公司这种网络中，企业社会责任对子公司与众多利益相关者关系的持续维持，对子公司网络的有效、稳定发挥着关键性的作用。毋庸置疑，企业社会责任行为能为公司带来众多的利益，而要想企业社会责任行为为公司带来利益，首先必须使这种行为为利益相关者带来利益，一旦企业社会责任行为为利益相关者带来利益，则将会影响公司与利益相关者关系的质量，这是因为谋求利益是组织间关系的基本职能（Hakansson & Turnbull, 1982）。进而，公司与利益相关者关系的改善则会产生有利于公司的利益相关者行为。公司与其利益相关者关系的稳定性、持久性有利于公司社会责任收益的最大化。因此，企业社会责任行动贡献于公司—利益相关者关系的程度取决于其为利益相关者带来的利益的大小。如前所述，基于企业社会责任的子公司网络是利益诱致型的，所以子公司社会责任所致的互惠利益事关子公司与其利益相关者的关系的质量，影响子公司网络的稳定性、有效性。跨国公司海外子公司这种网络要保持有效、稳定，必将会对跨国公司海外子公司的企业社会责任水平提出更高的要求，要求子公司必须持续不断地履行企业社会责任，使子公司社会责任所带来的利益必须不断地被利益相关者所感知。

2. 基于社会责任的跨国公司海外子公司东道国网络体系

从构成要素看，任何一个网络都由节点和连线两个最基本的要素构成，其中连线表示节点之间的关系，节点可以随时形成新的关系或结束与其他结点的关系。对于跨国公司海外子公司网络而言，节点即是子公司的各个外部组织或个人，连线即是子公司与各个外部组织或个人之间的一组关系。假定跨国公司一个海外子公司网络有 M 个外部组织或个人，那么这个子公司网络可以表示如下：

$P = \{P_i\}$，P_i 是一个次级单位或个人，$i = 1, 2, \cdots, M$；$R = \{(P_i, P_j)\}$，表示 P_i、P_j 之间存在的联系，包括直接的或间接的联系。因此，子公司网络（用 S_N 表示）可以从形式上表示为：

$$S_N = \{P, R\}$$

根据系统论的思想，网络属于一个复杂的系统，即网络是一个具有多维立体特性的系统"体系"结构的概念。当把网络内多个结点及其构建的多维复杂的关系放到一个立体空间框架的系统中看时，也就形成了网络的复杂整体结构。因此，对跨国公司海外子公司网络的研究就包括了由"点"（子公司及各个外部组织或个人）到"线"（各种网络关系）再到"体"（网络结构）的内容。在跨国公司海外子公司网络的结构体系中，由"点"到"线"，再到"体"的渗透和延展过程即表现为跨国公司海外子公司的网络嵌入过程。根据嵌入理论，跨国公司海外子公司在东道国的这种网络嵌入，说明子公司在东道国的经济行为是嵌入于东道国的社会结构中的，而社会结构的核心就是人们生活其中的社会网络。进而，跨国公司海外子公司同当地企业所形成的经济网络与社会网络也并不是截然分开、相互无关的，而是经济网络部分嵌入社会网络之中。我们知道，任何社会和任何时代中的经济行为都是嵌入社会结构的，但嵌入的程度或水平是不同的。同样，跨国公司海外子公司在东道国经济行为及其经济网络嵌入于当地的社会网络有一个程度大小的问题，而跨国公司海外子公司的经济行为及其经济网络以不同的方式和程度嵌入于当地社会网络则会对子公司的竞争优势造成影响。

根据格兰诺维特关于嵌入性的认识，跨国公司海外子公司的网络嵌入性包括了结点、关系和结构多个维度。节点即与子公司发生关系的外部行为主体，外部行为主体数量的多少以及差异化程度影响子公司网络的规模和异质性；关系即子公司与外部行为主体间的关系，有一个强弱、稳定与否的问题，影响子公司网络的质量；结构即子公司在其整个网络中的位置，影响子公司网络效应的发挥。

基于企业社会责任的跨国公司海外子公司网络是一个庞大的、复杂的、多维的差异化网络。通过在东道国的 FDI 投资，跨国公司海外子公司首先与当地的企业（如供应商、投资者、客户等）及其关联机构发生联系，逐步建立紧密的纽带，形成嵌入性连接，构建起经济网络。随着履行企业社会责任而对科技、教育、文化、卫生、劳动、民政、体育、环境保护、法律服务等社会问题的关注和投入，跨国公司海外子公司不但赢得了当地供应商、投资者、客户等企业的信任和青睐，而且还受到东道国政府、媒体、社区、非营利组织以及各种各样利益团体和活动团体的关注，有了与这些组织合作的基础，跨国公司海外子公司与这些组织及其关联机构就得以接触，并逐步建立其联系纽带，形成嵌入性连接，构建起跨国公司海外子公司的社会关系网络。相应地，跨国公司海外子公司的经济交易主体及其关联机构与非经济交易主体及其关联机构也最终建立了嵌入性连接。因此，随着企业社会责任的履行，跨国公司海外子公司嵌入性连接的数量不断增加，网络关系不断得以扩展，直至子公司与各个行为主体都建立了嵌入性连接，子公司扩展的网络结构便呈现出来。跨国公司海外子公司最终的网络体系可以用图 3-1 来表示。

图 3-1 中，基于企业社会责任的跨国公司海外子公司网络由经济网络和社会网络构成。最外围的曲线所围成的椭圆可视为整个子公司的网络，内部左边的椭圆可视为子公司的经济网络，右边的为子公司的社会网络，经济网络与社会网络的交叉部分可视为子公司经济网络对社会网络的嵌入。由于网络本身是无界的，且具有极强的渗透性与延展性，故子公司整个网络以及里面的经济网络与社会网络用虚曲线表示。

第3章 社会责任对跨国公司在华子公司竞争优势影响的理论分析

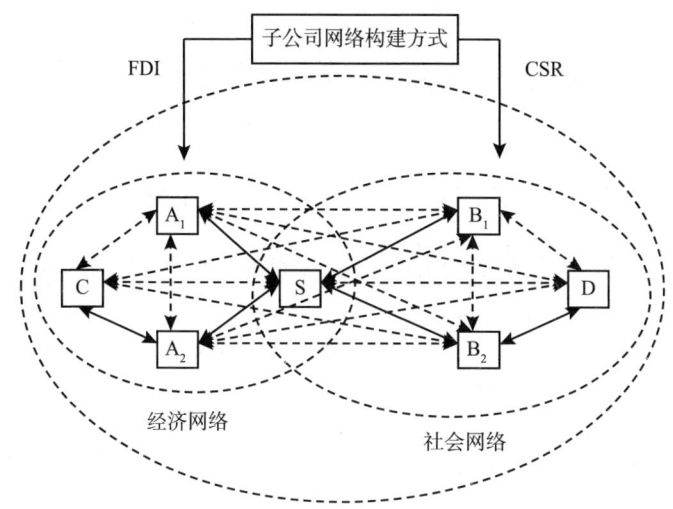

图3-1 基于跨国公司社会责任的子公司网络体系

资料来源：笔者自绘。

图3-1中，S代表跨国公司某一海外子公司，A_1、A_2代表当地企业，C代表企业A_2的关联机构，S与A_1、A_2和C发生联系，建立嵌入性连接，构成子公司的经济网络，它可以通过子公司的FDI得以实现。B_1、B_2代表子公司的非市场交易主体，D代表B_2的关联机构，S与B_1、B_2和D发生联系，建立嵌入性连接，构成子公司的社会网络。其中S与B_1的连接可以随着子公司在东道国FDI机会的增加、合作次数的增多以及合作主体的扩展而实现，B_2是基于企业社会责任而拓展的子公司非市场合作主体，子公司与B_2以及它的关联机构D所建立的嵌入性连接通过企业社会责任行为而得以实现。图中，实直线代表的是各行为主体间的直接连接，如子公司S与A_1、A_2、B_1、B_2间的连接；虚直线代表的是各行为主体间的间接连接。以子公司作为节点，不但企业A_1、A_2与非市场交易主体B_1、B_2及其关联机构D建立了联系，而且企业的关联机构C也与B_1、B_2、D建立了联系。最终，一个扩展的纵横交错的、复杂的、多维的子公司网络得以构成，子公司经济网络也更深地嵌入社会网络中，即图中所示的子公司经济网络与社会网络交叉的部分进一步扩大。

3.3.2　社会责任与跨国公司海外子公司东道国网络特征

1. 基于社会责任的跨国公司海外子公司东道国网络结构特征分析

如前所述，企业获取的资源多少和其网络规模、网络的异质性以及在网络的位置有着明显的联系。网络规模越大，网络越具有异质性，并且企业越占有网络位置优势，那么越可能为企业提供多方面的资源支持，以获取更大的竞争优势。而企业社会责任的履行使跨国公司海外子公司东道国网络节点增加（如图 3-1 中 B_2 所示），使网络规模扩大、网络异质性和位置优势明显。

（1）跨国公司海外子公司网络规模的扩大主要体现为社会网络的扩展。

跨国公司海外子公司与投资地的连接是通过经济连接（经济关系）和社会连接（社会关系）来实现的，海外子公司东道国网络是一个由所处东道国市场和社会关系构成的东道国网络（或称为外部网络）。据此，基于关系的类型，海外子公司外部网络可视为由经济网络和社会网络两部分构成。对于子公司经济网络而言，它体现的主要是子公司与当地企业间发生的经济商业往来关系，这些当地企业主要包括子公司的供应商、消费者（客户）、投资者、竞争者等，由子公司通过不同关系纽带而和它们发生联系。从关系性质来看，子公司与这些企业间体现的是一种"纯粹"的市场交易关系；从子公司经济网络构建方式和策略来看，虽然具体的方式和策略多种多样，但只要子公司对东道国进行了不同程度的投资，就会导致子公司与这些企业要么是基于分工与交易的合作，要么是基于技术和资源共享的合作，从而使子公司与这些当地企业通过多种经济联系纽带而建立起经济网络。至于子公司社会网络，从其涉及的外部行为主体和构建方式与策略选择看，则更多样化和复杂化。对于社会网络，米契尔（Mitchell,1969）将其界定为"某一群体中个人之间特定的联系关系，其整体的结构，可以称之为该群体中个人的社会行动"。埃米尔拜尔和古德温（Emirbayer & Goodwin, 1994）认为社会网络是"联结行动者的一系列社会联系或社会关系"。而杰克逊和瓦茨（Jackson & Watts, 1999）将

第3章　社会责任对跨国公司在华子公司竞争优势影响的理论分析

其界定为"一些由给定社会关系（如朋友等）联系起来的个人或组织的连接点"。这说明随着现代社会交往的日益频繁和交往范围的日趋扩大，社会网络已远远超越了个人之间的关系范畴。社会网络的行动者可以是个人，也可以是法人或非法人式的各种组织，如经济组织、政府组织、非营利组织，甚至是整个社会和国家等。关系既包括把行动者联结起来的联系（不仅限于个人间的关系），也包括公司之间的交易关系，如领袖人物的共享、金钱、组织信息和群体成员的流动（徐琦，2000）。因此，现在一般认为，"社会网络"指的是社会行为者及其间关系的集合。社会关系网络是个人或组织之间相互连接所形成的一个整体结构，它不是一张平面的网，而是一个由多种关系联结交织成的多重、复杂、交叉重叠的空间网络。具体到跨国公司海外子公司社会网络，作为焦点公司的子公司，其涉及的外部行为主体既包括供应商、客户、投资者、竞争者等各类商业性经济组织或个人，又包括当地政府、行业组织、大学、科研机构、社区等各种非商业性组织或个人。子公司和这些众多的行为主体通过不同的纽带形成错综复杂、性质多样的关系。从子公司社会网络的构建方式和策略来看，可谓多种多样，这当然包括子公司社会责任战略和策略的实施。由于企业社会责任有助于把企业融入当地的社会结构中，形成一种关系网络。从嵌入理论的观点看，这意味着企业社会责任具有良好的社会嵌入性，它使子公司更易于与当地的各种非商业组织或个人建立联系，形成社会关系网络。所以，基于企业社会责任的子公司网络的扩展主要体现在其社会网络的扩展。如图3-1中，S与B_2和D所形成的网络即是基于企业社会责任基础上的扩展的社会网络部分。

而且，企业社会责任组织行为的介入，体现出子公司经济网络和社会网络不同于当地企业网络形成的时间路径，进一步强化了子公司经济网络和社会网络间的关系，使子公司经济网络更深地嵌入社会网络中。一方面，从形成过程的角度看，子公司经济网络和社会关系网络存在着一个"前置"和"后置"的区分，即子公司经济网络的建立在先，其社会网络的建立在后。子公司先是在东道国进行专业性经济投资活动，基于"专业连带"（如产品质量、价格、管理等因素）先建立起与当地企业间的经济网络，通过合作次数的增多、合作主体的增加以及投资机会的增加，子公司与当地更多的企业和其他组织又逐渐发展出基于文化、人际关系等的社会关系，形成子公司的部分社会网络，如图 3-1 中的子公司 S 与 B_1、A_1 通过嵌入性连接形成的部分子公司社会网络，进而 B_1 以子公司作为节点又与企业 A_2 及其关联机构 C 建立了嵌入性连接，它们同样成为子公司社会网络的一部分。然后，子公司社会责任的实施又进一步推动其与更多的组织和个人（如图 3-1 中的 B_2 和 D）关系的建立，子公司的社会网络得以扩展（如图 3-1 中的子公司 S 与 B_2、D 通过嵌入性连接形成的社会网络部分）。由此可以看出，子公司社会网络的形成和构建一部分得益于企业社会责任活动，另外就是子公司的经济活动。子公司经济网络和社会网络形成的这种先后关系是它不同于当地企业网络的一大特点。当地企业的社会网络有"继承性"和"生成性"之分（程恩富和彭文兵，2002）。"继承性"社会网络是企业行动者进入经济生活之前就已经存在的社会网络，这时的企业的经济交易活动是建构在既定的社会关系网络之中的，从既有的社会关系网络中寻找合作、交易的对象，顺序上是先有社会网络，后有经济网络；"生成性"社会网络是企业行动者通过经济活动本身和其他方式所创造和开发的社会网络，这时的企业先有经济网络，后有社会网络。显然，跨国公司海外子公司社会网络类似于当地企业的"生成性"社会网络，其顺序在经济网络之后。另一方面，企业社会责任进一步强化了子公司经济网络和社会网络的交互性、重叠性。由于经济交换的社会嵌入性，实际上现实中子公司的经济网络与社会网络往往是彼此交织在一起，难以区分的。子公司社会网络中的社会关系对企业间经济关系的发展起着重要的作用，因为子公司经济网络本身嵌入了众多的社会性因素。同时，子公司社会网络中的个人或组织间都不同程度地基于局部的共同利益（物质的或非物质的）而连接在一起，社会关系包含着经济的因素，甚至经济因素直接推动了社会关系和社会网络的建立，所以子公司经济网络和社会网络是缠结在一起的。而企业社会责任更强化了这一程度。企业社会责任所包含内容的广泛性使子公司在东道国的活动已经不能再局限于经济层面，还要涉及东道国的就业、教育、扶贫、赈灾、环保等众多方面，使子公司与东道国更多的外部行为主体发生联系，使子公司的社会活动增多、社会联系增强、社会化程度提高，子公司经济活动和社会活动更加难以区分，经济网络和社会网络高度叠加、缠结在一起。这表现在图 3-1 中，就是子

公司经济网络主体 A_1、A_2 及其关联机构 C 以子公司为节点与 B_2 及其关联机构 D 所建立的嵌入性连接，使图中子公司经济网络与社会网络交叉的部分进一步增大。

由于社会网络在企业资源配置中所发挥的功能性作用，这使得跨国公司海外子公司能够利用在东道国所建立和扩展的社会网络，成为自身在东道国获取所需社会资源以增强竞争优势的一条捷径，也能使子公司更好地协调、改善自身与当地环境的关系，提高子公司在当地的适应能力。

（2）扩展的跨国公司海外子公司网络主要是对非营利性组织的扩展。

基于利益相关者角度的跨国公司社会责任文献中，跨国公司及其子公司的利益相关者种类繁多，包括：全球消费者、投资者、债权人、管理层、全球雇员；"超国家"的利益相关者（如联合国及其附属机构、欧盟、经济合作与发展组织）、各种跨境利益和活动团体、非政府组织（Doh & Teegen，2002；Sethi & Steidlmeier，1990）；母国及东道国的当地社区、全球及当地的环境（Amba－Rao，1993；Logsdon & Wood，2002）。杨和里弗斯（Yang & Rivers，2009）则具体区分了跨国公司海外子公司的利益相关者，认为应包括政府机构、子公司经营或服务的社区、非政府组织、行业协会、消费者、股东、雇员、母公司。根据彼得·德鲁克的观点，知识社会是一个由三大部门组成的社会：公共部门（即政府）、私人部门（即企业）和社会部门（即非营利组织）。沃德尔和布朗（Waddell & Brown，1997）进一步指出，世界上所有的组织都可以归入上述三大部门之一，或者是这三大部门的某种混合形式。借用这种划分方式，跨国公司海外子公司在东道国的利益相关者同样可以概括为三大类，即公共部门、私人部门和社会部门。公共部门，包括东道国各级政府及其机构以及在东道国的国际性政府机构；私人部门，主要是当地企业，包括子公司在东道国的客户（最终消费者）、投资者（股东）、债权人、竞争者等。社会部门，即非营利性组织（Non Profit Organization，NPO），是一种介于政府和私人企业间的社会组织，它是在特定法律系统下，不被视为政府部门的协会、社团、基金会、慈善信托、非营利公司或其他法人，且不以营利为目的①。由于非营利组织本身的公益性和非营利性，非营利组织所关注的问题与企业社会责任所涉及的问题具有相当程度的一致性，从这一角度看，非营利组织与企业具有局部利益的一致性，双方存在着合作的基础。最终，非营利组织成为企业的利益相关者，非营利组织成为跨国公司海外子公司网络节点的重要组成部分，基于企业社会责任扩展的跨国公司海外子公司网络主体主要是对非营利组织的扩展。由于非营利组织的非市场交易性质和企业社会责任行为的社会嵌入性，子公司与非营利组织的合作行为（如捐赠、赞助、善因营销等）能够形成特殊的社会网络。这也与上述基于企业社会责任扩展的跨国公司子公司网络主要体现为社会网络的扩展的分析相一致。在图3－1中，我们可用B_2代表非营利组织，通过与B_2及其关联机构D的合作，构成子公司特殊的社会网络。

企业与非营利组织的合作行为，是具有社会公益性的行为，是体现企业社会责任的行为，是企业社会责任实现的一种方式。由于企业社会责任行为的良好嵌入性，使得跨国公司海外子公司与非营利组织合作形成的社会网络具有明显的延展性，因为非营利组织可以成为子公司嵌入社会网络的嵌入点，通过非营利组织，子公司得以与社会网络中的其他成员发生联系。

一方面，作为社会领域中的重要部门，非营利组织在履行社会职能的过程中常常与政府、社会群体以及其他社会机构发生着千丝万缕的联系。在我国，绝大部分非营利组织与国家或各级政府有着天然而稳固的联系。这种联系主要来源于政府对非营利组织的指导性、控制力和政策、资金支持。因此，跨国公司海外子公司与非营利组织的合作行为（即子公司企业社会责任行为）是形成社会网络中信任机制的一个重要

---

① 在国外，非营利组织又有不同的称呼，如第三部门（third sector）、慈善部门（charitable sector）、志愿部门（voluntary sector）、免税部门（tax-exempt sector）、非政府组织（non-governmental organization，NGO）、公民社会（civil society）、独立部门（independent sector）等。在过去的几十年间，NPO的数量、规模和范围与日俱增，它们并不局限于某个国家或地区，而是广泛存在于世界各地，并且在全球性的社会、经济和政治环境中越来越显示出其重要的地位。在我国，非营利组织又称为"民间组织"，主要包括公益性事业单位、民间社会团体、民间基金会、民间非企业单位，其业务范围涉及科技、教育、文化、卫生、劳动、民政、体育、环境保护、法律服务、社会中介服务、工伤服务、农村专业经济等社会生活的各个领域。截至2008年12月31日，全国共有各类民间组织41.4万多个，其中社会团体23万个，基金会1597个，民办非企业单位18.2万个。

因素。社会网络中的信任机制使得跨国公司海外子公司和政府通过非营利组织形成了社会化的网络连接，构成了子公司社会网络的一条重要主线。另一方面，非营利组织的实际作用在于代替政府完成多样化的社会功能，为社会群体提供公益性产品和社会化服务，它与相关的社会群体会始终保持着稳定的社会网络关系。基于非营利组织的公益性、非营利性等特点，社会群体成员对其保持着高度的信任。因此，子公司通过合作行为以非营利组织为节点而嵌入社会网络，通过信任机制与相关的社会群体形成了社会网络连接。此外，非营利组织与其他各种社会机构形成社会化的网络连接，这些社会机构可能原来并不与子公司直接关联，但却可能对子公司的竞争优势产生影响，由于子公司与非营利组织合作行为的社会嵌入性，使得这些社会机构也成为子公司社会网络的一部分。最终跨国公司海外子公司与非营利组织形成的社会网络结构，如图 3-2 所示。这实际上是图 3-1 中子公司 S 与 B_2、D 构成的社会网络的具体化和进一步扩展，其中 S、B_2 分别代表子公司和非营利组织，D_1、D_2、D_3 分别代表政府、相关社会群体和其他社会机构，它们实际上是对图 3-1 中 D 的进一步分解，图中实线表示各行为主体间的直接连接，虚线表示各行为主体间的间接连接。

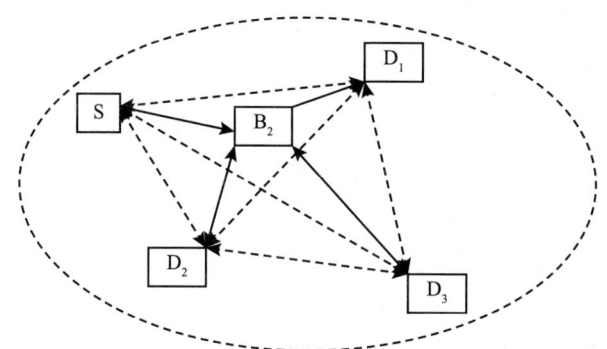

图 3-2　跨国公司海外子公司与非营利组织形成的社会网络

资料来源：笔者自绘。

总之，企业社会责任推动的跨国公司海外子公司与非营利组织合作形成的特殊社会网络是一种扩展的社会网络，它使子公司社会嵌入性程度提高，而且由于非营利组织及其关联机构成员的多元化、差异性，子公司网络规模不但大，而且子公司网络成员关系异质性明显，有利于子公司资源的获取和竞争优势的增强。

（3）基于社会责任的跨国公司海外子公司网络结构位置优势。

在社会责任影响下的跨国公司海外子公司东道国网络中，子公司的位置优势非常明显。这可以从两个方面进行分析。

一方面，社会责任提高了跨国公司海外子公司在其网络中的中心地位。在测度一个组织在网络中的中心性时，人们常用网络中心度来衡量。网络中心度描述的是一个组织在所处网络中有多少直接连接，直接连接数越多，其网络中心度越高，网络中心性越明显，意味着该组织就越处于网络中心的位置。例如，在图3-1中，子公司有4个直接连接，因此子公司的中心度就是4。同理，A_1、B_1、C、D分别有1个直接连接，它们的中心度分别为1；而A_2、B_2分别有2个直接连接，它们的中心度分别为2。通过比较，可以看出，子公司的直接连接数最多，其中心度最高。中心度最高的子公司处于网络的中心，它与最多的其他网络成员直接联系，因此它可以看作是拥有伙伴最多的参与人。这也意味着单个组织在网络中的中心性与网络规模存在着密切的联系。前已论及，网络规模可视为个体单元直接相关的关系数目或关系种类数目，企业的网络节点数目越多，企业与这些节点建立的关系越多，企业的网络规模越大。一般而言，网络规模越大，网络中组织的平均中心性都会下降，因为随着网络的扩大，保持组织间的联系将变得困难，组织间的平均联系会呈下降的趋势。然而，基于社会责任的跨国公司海外子公司东道国网络却改变了网络规模和组织中心性的这一传统关系，随着网络规模的扩大，子公司的网络中心性非但没有降低，反而更加明显了。其原因在于，社会责任渗透的子公司网络是一种扩展的网络，这种来自社会责任的网络扩展使子公司的利益相关者增加，正是社会责任为子公司与其利益相关者提供了合作的基础，使子公司与其广泛的利益相关者联结在一起。这一联结的本身从一开始就体现了社会责任的纽带性作用，体现出各个利益相关者（尤其是那些非市场性的利益相关者）从一开始就围绕着子公司这个"中心"而走在一起的。所以，在基于社会责任的跨国公司海外子公司东道国网络中，随着网络规模的扩展，子公司的网络中心地位非但没有降低，反而提高了。

另一方面，在海外子公司东道国网络中，各个交易主体的合作意识和合作行为，如供应商之间的合作意识和合作行为，客户之间的合作意识和合作行为是影响子公司网络结构洞是否出现，以及数量多少的重要因素。如果交易主体之间（如图3-1中，A_1与A_2间、B_1与B_2间、A_1与B_1间、A_1与B_2间、A_2与B_2间、A_2与B_1间等）合作意识增强，合作行为出现，而又不能直接发生联系，只能通过子公司S实现，这时子公司网络的结构洞就会增多，而子公司占据的结构洞就越多，子公司就越处于中心的位置，进而能获得更多的信息与资源收益。笔者认为，社会责任的海外子公司东道国网络所具有的"信任性""合作性""互惠性"使子公司网络中的各交易主体（无论是市场的还是非市场的）的合作意向增强，合作意愿增加，合作行为出现的概率增加，从而子公司越是处于中心的位置，越有利于自己获取更多的信息与资源，增强自己的竞争优势。具体而言：

第一，基于社会责任的海外子公司网络所具有的"信任性"增强了各行为主体之间的合作意向。如前所述，海外子公司的社会责任作为一种专用性投资，能起到子公司诱致其他参与者参与网络的可置信承诺的作用，这种以社会责任作为"抵押品"的可置信承诺，成为子公司网络形成的制度支撑，使各个行为主体与子公司的合作建立在信任的基础上。这样，由社会责任这种组织行为所致的对子公司的信任经由子公司网络传递，使得与子公司合作的行为主体也获得了其他行为主体的信任。最终，各个行为主体相互间信任基础的建立和存在，无形中增强了彼此间的合作意识，使出现合作行为的可能性增大。

第二，基于社会责任的海外子公司网络所具有的"互惠规则"有利于各行为主体之间合作行为的发生。在子公司网络中，子公司企业社会责任组织行为，不但体现"可置信性"，还能为子公司与各个行为主体间以及各行为主体间的合作提供一种"互惠规则"。这种"互惠规则"指的是子公司与各个行为主体之间在交易前所形成的某种共识，如组织活动要具有一定的公益性，不能违背社会伦理道德等。这种建立在信任基础上的互惠规则将会对不完备合约的执行起到良好的补充和润滑作用。从交易成本经济理论的角度看，这种互惠的交易规则降低了交易双方因不确定因素而形成的高交易成本，从而有利于子公司网络中各个行为主体间合作行为的实现。

第三，基于社会责任的海外子公司网络所具有的"合作性"使网络中各个行为主体之间都有出现合作行为的可能。在没有社会责任渗透的子公司网络中，子公司与各个行为主体发生交易的时候，考虑到它们的能动性，更多的是从博弈的角度来进行决策。根据博弈论中的逆推法，任何已知的固定次数的博弈合作都不可能发生。然而，在社会责任渗透的子公司网络中，子公司通过与各个行为主体的关联互动（这里主要指与子公司有直接联系的行为主体），把由于社会责任所带来的子公司的良好信誉传递到子公司网络之中。这种信誉将被网络成员视为不会选择"背叛"行为，很大程度上避免了重复的"囚徒困境"发生的可能性，这不但易于子公司与各个行为主体之间的合作，而且也促进了各个行为主体之间的合作。

2. 基于社会责任的跨国公司海外子公司东道国网络关系特征分析

前已论及，由于跨国公司海外子公司社会责任良好的社会嵌入性使得子公司的网络规模进一步扩展，使得子公司的经济网络与社会网络更具有交互性、重叠性。不仅如此，子公司社会责任还会通过影响子公司网络各行为主体间的关系，使子公司经济活动更深地嵌入于东道国经营环境中。如果从跨国公司子公司东道国关系特征的强弱关系维度看，社会责任有利于子公司东道国网络中子公司与各行为主体间强关系的建立，使子公司网络嵌入程度提高。具体而言：

（1）企业社会责任强化了海外子公司经济网络中各行为主体间的关系。

任何社会和任何时代中的经济行为都是嵌入社会结构的，但嵌入的程度或水平是不同的。其实，不但企业的经济行为嵌入社会网络的程度不同，而且企业的经济行为嵌入经济网络的程度也不同，企业经济网络中同样存在着强弱关系之分。乌兹（Uzzi, 1996, 1997）通过23家服装公司交换关系的考察，把企业间的关系依嵌入的紧密程度划分成臂距连接（arm's length tie）与嵌入连接（embedded ties）。其中，臂距连接指的就是市场关系；嵌入连接指的是亲密或特别的关系，二者的差别在于交易双方的关系一个较松散而另一个较紧密。臂距连接和嵌入连接相当于格兰诺维特所说的弱关系和强关系。戴尔和辛格（Dyer & Singh, 1998）指出，在市场关系中，企业间由于缺乏异质性的资源和要素，双方的信息交换频率低、相互依赖性低，各方很容易转移交易伙伴，导致双方间的关系具有暂时性、不稳定性；在亲密或紧密的关系中，企业间存在异质性要素和资源的投入，存在大量的知识交换，兼有互补的、但又稀缺的资源或能力，由于存在有效的治理机制而导致更低的交易成本，导致双方间的关系具有稳定性、长期性的特征。如前所述，虽然强、弱关系对企业都很重要，但子公司网络中强关系的建立更有利于子公司获取当地资源并从当地学习和提升自己的战略地位。而企业社会责任是有利于子公司与当地企业间强关系的建立的，子公司与当地企业间强关系的建立来自企业社会责任所致的利益相关者的整合能力。所谓利益相关者的整合能力，指的是企业与利益相关者建立起以信任为基础的协作（合作）关系的能力。哈特（Hart，1995）在集中于企业环境责任的研究时发现，利益相关者整合能力的产生是公司实施产品环境责任管理（product stewardship）的结果，产品责任管理就是要把"环境方面的声音"，即外部利益相关者的想法或观点整合进产品的设计和开发中去，把公司对环境的外部影响"内部化"。利益相关者整合能力不但能够把关键利益相关者的意见和想法整合于产品的设计和开发决策中，而且能有效协调企业内的不同职能、部门和组织单元。夏尔玛和弗雷登堡（Sharma & Vredenburg，1998）的研究发现，这种利益相关者整合能力具有路径依赖性、难以模仿性、社会复杂性，是公司所特有的。由此可见，利益相关者整合能力体现的是企业的一种沟通和协调能力，一旦这种能力建立起来，则有利于增强企业与其利益相关者之间的互动性、增加亲密性、提高互惠性，使企业与利益相关者之间的关系更加紧密、稳定和持久。具体到跨国公司海外子公司而言，在履行企业社会责任的过程中，海外子公司利益相关者整合能力一旦形成，同样有利于强化子公司与当地企业间的关系，使子公司与当地企业间的关系超出纯粹市场关系的程度，使双方间的关系更加稳定、持久。

（2）企业社会责任强化了海外子公司社会网络中各行为主体间的关系。

企业社会责任不但能够扩展子公司社会网络，使子公司的经济活动嵌入性增强，而且还能强化子公司与各个非市场交易主体间的关系。蔡宁、胡杨成和张彬（2006）在研究企业与非营利组织合作形成的社会网络中指出，这一网络的稳定性主要取决于企业与非营利组织的关系强度，这种强度由四个维度加以控制：互动的频率、情感的强度、亲密的程度、互惠交换的程度。而企业与非营利组织持续的合作以及长期对非营利组织的支持计划将是促成这些因素的关键,另外,企业还必须始终确保非营利组织决策的独立性,用道德约束自己,充分体现企业的社会责任,从而获得非营利组织的信任,并保持双方关系的互惠性。实际上,仔细分析不难发现,在影响企业与非营利组织的关系强度的因素中,最为关键的因素还是企业社会责任。企业与非营利组织之所以合作是因为企业社会责任行为为双方提供了合作的基础,这种合作一开始就具有互惠性的特点。企业对非营利组织的长期支持恰恰是企业社会责任的具体体现,因为企业社会责任也是一种投资,只不过这种投资超越了单纯意义的经济性,它还具有道德性、社会性的特点。由此可见,企业社会责任是有利于企业与非营利组织间强关系的建立的。对跨国公司海外子公司社会网络的分析也是一样,企业社会责任的履行同样有利于子公司与非营利组织间强关系的建立。此外,上述基于企业社会责任的子公司利益相关者整合能力的形成也能充分解释子公司与非营利组织间强关系的建立。因为利益相关者整合能力不但是产品责任管理的结果,而且还是动植物保护、资源管理、废物减少和能源保护的结果。它涉及的不但有与企业发生市场交易关系的利益相关者,而且包含了更多、更广的与企业发生非市场交易的利益相关者,即众多的非营利组织。基于企业社会责任的利益相关者整合能力通过把更多的非营利组织等利益相关者的想法或观点整合于产品的设计或开发的过程中,加强了跨国公司海外子公司与非营利组织的合作和交流,增加了双方的亲密性,提高了双方的互惠性,从而有利于子公司与非营利组织双方强关系的建立。

3.4 社会责任与跨国公司海外子公司竞争优势

在关于社会责任和公司竞争优势关系的研究文献中,企业社会责任对公司资源的影响是其重要组成部分。这种影响体现了企业社会责任的战略性作用,学术界在这方面的研究著述丰富。哈特(Hart,1995)首次把资源基础理论用于分析企业环境责任,研究发现,对有些类型的企业而言,环境社会责任能够产生导致企业持续竞争优势的资源或能力的出现。罗斯和福茨(Russo & Fouts, 1997)对哈特的理论进行了实证支持,发现企业环境责任表现和经营绩效呈正相关。丰布兰(Fombrun, 1996)分析了企业社会责任活动是如何创造企业声誉资本和个人与组织网络的。图班和格林宁(Turban & Greening, 1997)发现,公司社会表现增强了公司声誉,产生了企业对潜在雇主的吸引力,并认为如果企业关于社会责任业绩方面的声誉与形象是有价值的、稀缺的和难以复制的,那么它将为公司带来竞争优势。布朗和达辛(Brown & Dacin, 1997)发现,社会责任性企业能获得消费者对企业更有利的评价和公众对产品更好的印象。汉德曼和阿诺德(Handelman & Arnold, 1999)观察到,企业公民活动通过增强在购买者眼中的公司合法性而建立起有利的制度环境。波特和克莱默(Porter & Kramer, 2002)描述了一个被理性经济决策主宰的慈善捐赠世界,慈善行为被巧妙地设计,用以改善和发展企业的商业和制度环境,直接提升企业竞争优势。希尔曼和凯姆(Hillman & Keim, 2001)认为通过承担更多的企业社会责任,与主要利益相关者建立紧密关系,这种关系能帮助企业发展不可见的、有价值的资产。琼斯(Jones, 1995)认为企业的伦理责任将使其获得竞争优势。加德伯格和丰布兰(Gardberg & Fombrun, 2006)认为,企业公民活动成为全球性企业在创造合法性、建立企业声誉和竞争优势中的一个关键强化因素。

　　从研究方法上看,定性的理论分析在社会责任与公司竞争优势关系研究文献中一直占据突出地位,但定量的实证研究逐步成为这一领域最有影响、最有意义的研究。从1972年到2007年,公开发表的关于企业社会责任与企业绩效关系的实证研究共有131篇,其中在1993~2007年的15年中,研究者共发表了相关论文68篇,其中国内学者的研究出现了2篇①。在这131篇研究中,113篇论文以企业社会责任作为自变量(independent variable),企业绩效为因变量(dependent variable),其中,近半数研究(56篇论文)得到企业社会责任与企业绩效正相关的结论,仅8篇研究发现负相关,29篇报告不显著,同时20篇没有明确结论。113份实证研究表明,企业社会责任对公司绩效和竞争优势的积极影响是非常明显的。虽然关于企业社会责任与跨国公司海外子公司竞

---

① 李纪明:《资源观视角下企业社会责任与企业绩效研究——一个理论框架及其在浙江的实证检验》,浙江工商大学博士论文,2009年。

争优势关系的实证研究还很少，但根据上述理论研究和实证研究以及跨国公司的实践，我们仍可以做一个大致的判断：企业社会责任对跨国公司海外子公司竞争优势有着积极的影响。

3.5 社会责任影响跨国公司在华子公司竞争优势机制的理论框架

基于上述理论分析，本章可以得出：跨国公司社会责任具有典型的网络效应，跨国公司海外子公司通过在东道国履行社会责任能明显地影响其外部网络结构特征（网络规模、网络中心度、网络异质性）和关系特征（网络关系强度、网络关系质量）；跨国公司社会责任对海外子公司竞争优势的影响分为两个方面，一是跨国公司社会责任对海外子公司竞争优势的直接影响，二是跨国公司社会责任对海外子公司竞争优势的间接影响，由于东道国网络的战略性作用以及跨国公司社会责任的网络效应，跨国公司社会责任通过影响海外子公司东道国网络结构特征和关系特征而间接作用于海外子公司竞争优势，即跨国公司社会责任以东道国网络为中介而对跨国公司海外子公司竞争优势产生间接影响。综合以上分析，本研究提出了社会责任影响跨国公司在华子公司竞争优势机制的理论框架（见图3-3）。

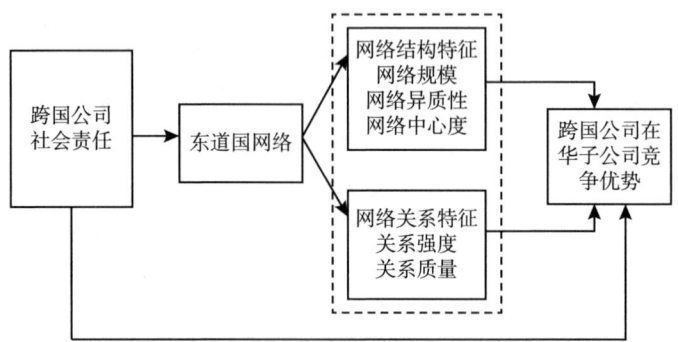

图3-3 社会责任影响跨国公司在华子公司竞争优势机制的理论框架

3.6 本章小结

本章目的是提出社会责任对跨国公司在华子公司竞争优势影响的理论框架，从而揭示社会责任导向的跨国公司海外子公司竞争优势的形成机理和机制。通过对有关文献的分析，采用归纳式建构和演绎式建构相结合的方法，研究得出社会责任对跨国公司海外子公司竞争优势的影响是通过网络来实现的。本章的分析表明，跨国公司社会责任具有网络效应，社会责任通过影响跨国公司海外子公司东道国网络进而影响子公司竞争优势更能体现社会责任导向的跨国公司海外子公司竞争优势形成机制，但理论的分析和推断是否成立和正确，还需要实证的检验。这也是后面需要解决的问题。

第4章 社会责任对跨国公司在华子公司竞争优势影响的概念模型和研究设计

本章拟提出社会责任影响跨国公司在华子公司的概念模型，对实证研究涉及的问卷设计步骤、量表开发、样本选取和数据收集、统计分析方法等方面进行说明。

4.1 概念模型和假设提出

根据第3章的理论分析结果，我们知道，社会责任对跨国公司在华子公司竞争优势的影响有两种路径，一是社会责任直接作用于跨国公司在华子公司竞争优势，即直接影响；二是社会责任以东道国网络为中介，通过东道国网络来获取和利用当地资源和知识，从而进一步对跨国公司在华子公司竞争优势产生影响，即间接影响。基于此，本研究将提出社会责任影响跨国公司在华子公司竞争优势的三组假设。第一组假设是关于社会责任与跨国公司在华子公司东道国网络关系的假设；第二组假设是关于跨国公司在华子公司东道国网络与其竞争优势关系的假设；第三组假设是关于社会责任与跨国公司在华子公司竞争优势关系的假设。综合三组假设便构成了揭示社会责任影响跨国公司在华子公司竞争优势机理的系统假设。具体假设表述如下：

第一组假设：关于社会责任与跨国公司在华子公司东道国网络关系

H_1：跨国公司在华子公司履行社会责任，有利于其网络规模的扩大；

H_2：跨国公司在华子公司履行社会责任，有利于其网络异质性的提高；

H_3：跨国公司在华子公司履行社会责任，有利于其网络中心度的提高；

第4章 社会责任对跨国公司在华子公司竞争优势影响的概念模型和研究设计

H_4：跨国公司在华子公司履行社会责任，有利于其与众多利益相关者强关系的建立和维持；

H_5：跨国公司在华子公司履行社会责任，有利于其与众多利益相关者关系质量的提高。

第二组假设：关于跨国公司在华子公司东道国网络与其竞争优势关系

H_6：跨国公司在华子公司网络的规模越大，越有利于子公司竞争优势的增强；

H_7：跨国公司在华子公司网络的异质性越高，越有利于子公司竞争优势的增强；

H_8：跨国公司在华子公司网络的中心度越高，越有利于子公司竞争优势的增强；

H_9：跨国公司在华子公司网络的关系强度越高，越有利于子公司竞争优势的增强；

H_{10}：跨国公司在华子公司网络的关系质量越高，越有利于子公司竞争优势的增强。

第三组假设：关于社会责任与跨国公司在华子公司竞争优势关系

H_{11}：跨国公司在华子公司履行社会责任，有利于其竞争优势的增强。

基于这三组假设，可以初步构建社会责任影响跨国公司在华子公司竞争优势的概念模型，如图4-1所示。

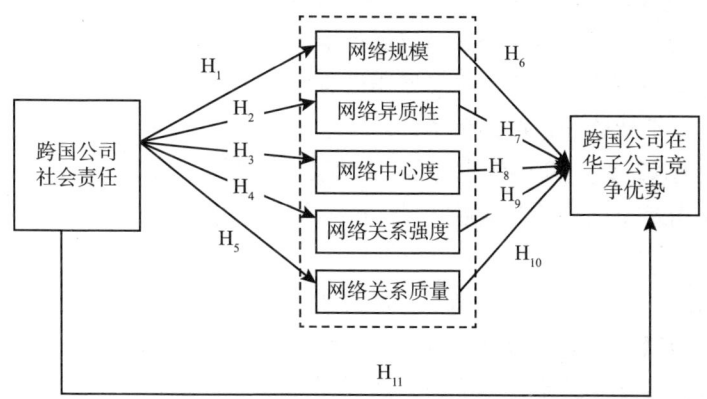

图4-1 社会责任影响跨国公司在华子公司竞争优势的概念模型

4.2 问卷设计

本书立足于企业层面展开研究,所需数据无法从存档资料或公开资料中获得,因此调查问卷是本研究主要的数据收集工具。测量复杂的组织现象需要设计多个题项。在变量的测量题项具有一致性的情况下,多个题项比单个题项信度更高(Churchill,1979)。因此,本书在问卷中通过设计多个题项对研究中涉及的变量进行测量,以提高信度和效度。张华绮(2004)指出,问卷设计应遵循三个基本原则:第一,必须以调查研究课题的研究假设为指导;第二,坚持问卷设计与调查目的和内容的统一;第三,尽量减少阻碍被调查者合作的各种因素。许多学者(Churchill,1979;Dunn,Seaker et al.,1994)认为,问卷设计的测量题项应采取以下流程开发:通过文献回顾以及与企业界的经验调查和访谈形成问卷题项;与学术界专家和企业界专家进行广泛讨论;选取预试样本进行预测试后修改问卷,形成最终问卷。依据学者提出的基本原则和设计建议,本研究的问卷设计包括以下步骤:

第一,对国内外相关文献研读,建立测量题项库。虽然专门针对社会责任与跨国公司海外子公司竞争优势关系的定量研究还不多,但是围绕企业竞争优势、跨国公司及其海外子公司竞争优势的定量研究已经很多,同时随着最近几年企业社会责任愈益成为学术界研究的热点,企业社会责任实证研究方面的文献也逐步增多。这些研究文献为本研究提供了有价值的借鉴。本研究尽量使用已有研究中的成熟量表,通过对相关文献进行细致梳理,取其精华,设计了测量指标和测量题项,该测量题项最初有93个,其中跨国公司社会责任的测量题项52个,跨国公司在华子公司竞争优势的测量题项13个,跨国公司在华子公司网络特征的测量题项28个。

第二,对跨国公司在华子公司的高管人员或相关部门的经理进行半结构式访谈。根据本研究初步拟定的测量指标和测量题项,笔者通过导师及自身的社会关系,与济南、烟台、青岛三个城市的7家在华跨国公司的中高层人员进行了半结构式访谈。通过整理访谈资料,对研究中的相关题项进行了重新设计、补充,测量题项由最初的93个调整为67

个，其中跨国公司社会责任的测量题项由 52 个调整为 37 个，跨国公司在华子公司竞争优势的测量题项由 13 个调整为 9 个，跨国公司在华子公司网络特征的测量题项由 28 个调整为 21 个。

第三，征询专家的意见。在文献梳理和对企业进行访谈的基础上，形成了调查问卷的初稿。随后笔者选择了所在单位的部分教师（两位教授、三位副教授、三位企业管理专业博士）和山东省社会科学院的三位研究员作为评审专家，对调查问卷初稿进行评审，专家们对问卷的题项、逻辑、措辞等方面提出了许多宝贵性修改意见和建议，在汇总专家意见之后，进一步修改了问卷，使问卷测量题项进一步压缩和净化，测量题项由 67 个调整为 53 个，其中跨国公司社会责任的测量题项由 37 个调整为 31 个，跨国公司在华子公司竞争优势的测量题项由 9 个调整为 6 个，跨国公司在华子公司网络特征的测量题项由 21 个调整为 16 个。

第四，问卷的预测试。在调查问卷基本确定之后，进行了小范围调研，根据回收的 19 份有效问卷，进行了信度和效度分析，根据试调研的结果，调整了部分题项，对问卷进行了进一步的完善，测量题项由 53 个调整为 47 个，其中跨国公司社会责任的测量题项由 31 个调整为 29 个，跨国公司在华子公司竞争优势的测量题项个数不变，但措辞稍作了修改，跨国公司在华子公司网络特征的测量题项由 16 个调整为 11 个，最终形成了问卷的最终版本。

4.3 量表设计

本研究的主要研究构面有三项，即跨国公司社会责任、跨国公司在华子公司网络与跨国公司在华子公司竞争优势。其中跨国公司社会责任为自变量，跨国公司在华子公司竞争优势为因变量，跨国公司在华子公司网络为中间变量。为了确保测量工具的信度和效度，尽量采用国内外现有文献已经使用过的量表再根据研究目的加以适当修改作为收集实证资料的工具。

4.3.1 自变量

本研究的自变量是跨国公司社会责任。虽然围绕企业社会责任的实证研究越来越多，出现了众多的、相对成熟的企业社会责任测量指标体系，但是围绕跨国公司社会责任的实证研究却相对滞后。从内容上看，跨国公司作为一种特殊的企业形态，其社会责任与一般企业的社会责任没有本质区别。但是从范围上看，跨国公司在多国经营，面临着不同的经济、政治、法律和社会历史、文化背景，其社会责任在不同国家的表现具有明显的差异性。这就要求对跨国公司社会责任表现的考量不仅要考虑跨国公司母国因素和国际因素，更要考虑东道国因素。正如贾马利（Jamali，2010）所言，跨国公司的企业社会责任尤其是子公司的企业社会责任应该是既受到其母公司的各要素条件的制约，又与东道国的要素条件息息相关的。因此，对跨国公司在华子公司社会责任的测量需要参考更多社会文化背景相似的同类研究，尤其是充分借鉴国内学者的研究成果和充分考虑西方文献中评价题项与我国国情的整合问题。本研究借鉴和整合阿努帕马·马哈姆（Anupama Maham，2005）、艾伦·穆勒（Alan Muller，2006）、王志乐（2005）、姜万军（2006）、李立清（2006）、金润圭（2008）、郑海东（2007）、徐尚昆和杨汝岱（2007）、谢名一（2010）等人的研究成果，将跨国公司在华子公司社会责任分为经济责任、环境责任、法律责任、社会关系责任、慈善责任五个维度，并结合实地访谈，逐步开发了跨国公司在华子公司社会责任的测量量表，并收集数据对量表的信度和效度进行了检验。

1. 跨国公司在华子公司经济责任表现的测度

经济责任是任何一个企业赖以存在的基本条件，跨国公司也不例外。跨国公司在华子公司经济责任体现了跨国公司在华子公司不但要正确处理好与股东或投资者的关系，还要在经营活动过程中致力于企业的长期可持续经营，提供更多的就业机会，促进当地相关产业和经济的发展。阿努帕马·马哈姆（Anupama Maham，2005）、徐尚昆和杨汝岱（2007）、谢名一（2010）的研究中，对如何测度企业经济责任提出了一些具体指标和具体题项。借鉴这些研究，并充分考虑跨国公司

第4章　社会责任对跨国公司在华子公司竞争优势影响的概念模型和研究设计

在华子公司社会责任实践并结合实地访谈以及专家意见，本研究通过如表 4-1 所示题项测度跨国公司在华子公司的经济责任表现。

表 4-1　跨国公司在华子公司经济责任的测度

衡量题项	参考依据
创造财富和利润	阿努帕马·马哈姆（2005）；徐尚昆和杨汝岱（2007）；谢名一（2010）；实地访谈；专家意见
带动当地就业	
促进中国经济可持续发展	
带动中国相关产业的发展	
确保企业可持续发展	
有效率地提供合格产品和服务	

这一研究项目采用 Likert-5 点量表衡量，设计从非常不同意到非常同意共 5 个选项，分别以分数 1~5 来表示，分数越高代表企业越同意，分数越低代表企业越不同意。对应附录 2 中的第二部分的 CSR_1 ~ CSR_6 题项。

2. 跨国公司在华子公司环境责任表现的测度

自从 20 世纪 70 年代以来，随着全球能源危机的显现，地球环境问题越来越严峻。在国际组织和环保人士的推动下，越来越多的跨国公司把节约资源和保护环境作为自己必须承担的责任。跨国公司环境责任实际上反映了跨国公司正确处理公司活动与环境的关系，追求与环境的可持续协调发展的需求，主要包括遵守国家和地方有关环境保护的法律法规，建立完善的环境管理体系，持续地改进环保工作，积极地应对和规避环境风险，不断提高能源和原材料的使用效率等。阿努帕马·马哈姆（Anupama Maham，2005）、徐尚昆和杨汝岱（2007）、谢名一（2010）的研究中，对如何测度企业环境责任提出了一些具体指标和具体题项。借鉴这些研究，并充分考虑到跨国公司在华子公司社会责任实践和结合实地访谈以及专家意见，本研究通过表 4-2 题项测度跨国公司在华子公司环境责任表现。

表 4-2　　　　　跨国公司在华子公司环境责任的测度

衡量题项	参考依据
加强环保，减少污染	阿努帕马·马哈姆（2005）；徐尚昆和杨汝岱（2007）；谢名一（2010）；实地访谈；专家意见
对环境和生态问题承担治理的责任	
建立完善的环境管理体系	
节约资源，提高资源利用效率	

这一研究项目采用 Likert-5 点量表衡量，设计从非常不同意到非常同意共 5 个选项，分别以分数 1~5 来表示，分数越高代表企业越同意，分数越低代表企业越不同意。对应附录 2 中的第二部分的 CSR_7 ~ CSR_{10} 题项。

3. 跨国公司在华子公司法律责任表现的测度

法律责任是指公司在生产经营过程中要遵守当地法律，积极配合当地政府政策，并依法向当地政府纳税。根据徐尚昆和杨汝岱（2007）的研究，无论是西方文献中的企业社会责任研究，还是中国的企业社会责任研究，法律责任是中西方共有的维度。阿努帕马·马哈姆（2005）、徐尚昆和杨汝岱（2007）、谢名一（2010）的研究中，对如何测度企业法律责任提出了一些具体指标和具体题项。借鉴这些研究，充分考虑到跨国公司在华子公司社会责任实践并结合实地访谈，本研究通过表 4-3 题项测度跨国公司在华子公司法律责任表现。

表 4-3　　　　　跨国公司在华子公司法律责任的测度

衡量题项	参考依据
在法律允许范围内诚信经营	阿努帕马·马哈姆（2005）；徐尚昆和杨汝岱（2007）；谢名一（2010）；实地访谈
遵守中国的各项法律法规	
依法纳税，不偷税、漏税	

这一研究项目采用 Likert-5 点量表衡量，设计从非常不同意到非常同意共 5 个选项，分别以分数 1~5 来表示，分数越高代表企业越同意，分数越低代表企业越不同意。对应附录 2 中的第二部分的 CSR_{11} ~

CSR₁₃题项。

4. 跨国公司在华子公司社会关系责任表现的测度

这里说的公司社会关系责任主要是从公司内外部利益相关者的利益保障出发考察公司在社会关系层面上所承担的责任，为公司所在社会创造价值，即公司承担的对利益相关者（如员工、消费者、政府等）的责任（王志乐，2005；姜万军等，2006）。阿努帕马·马哈姆（2005）、姜万军、杨东宁和周长辉（2006）、徐尚昆和杨汝岱（2007）、谢名一（2010）的研究中，对如何测度社会关系责任提出了一些具体指标和具体题项。借鉴这些研究，并充分考虑到跨国公司在华子公司社会责任实践、结合实地访谈和专家意见以及预测试结果，本研究通过表4－4题项测度跨国公司在华子公司社会关系责任变量。

表4－4　　　跨国公司在华子公司社会关系责任的测度

衡量题项	参考依据
提高员工待遇	阿努帕马·马哈姆（2005）；姜万军等（2006）；徐尚昆和杨汝岱（2007）；谢名一（2010）；实地访谈；专家意见；预测试
公平对待所有员工	
维护员工权益	
增加工会的作用，和谐劳资关系	
产品质量和安全	
保障消费者权益	
不提供虚假广告，产品货真价实	
提高消费者满意度	
不搞国内外双重标准	
与各级政府合作促发展	
使中国人民获得切实利益	
尊重中国国情，维护中国国家形象	

这一研究项目采用Likert－5点量表衡量，设计从非常不同意到非常同意共5个选项，分别以分数1~5来表示，分数越高代表企业越同意，分数越低代表企业越不同意。对应附录2中的第二部分的CSR₁₄~CSR₂₅题项。

5. 跨国公司在华子公司慈善责任表现的测度

慈善责任是公司根据个人偏好，有选择地从事社会责任的行为。慈善责任既没有法律明文规定，也没有体现社会公众预期，是自愿的、非强制性的责任。但是，慈善捐赠和公益活动是公司社会责任中历史最为悠久的内容，曾被认为是公司社会责任的同义语。许多跨国公司在中国都积极参与慈善与公益活动，并将其作为履行社会责任的最主要的内容（盛斌，胡博，2008）。阿努帕马·马哈姆（2005）、徐尚昆和杨汝岱（2007）、谢名一（2010）的研究中，对如何测度企业慈善责任提出了一些具体指标和具体题项。借鉴这些研究，并充分考虑到跨国公司在华子公司社会责任实践和结合实地访谈，本研究通过表4–5题项测度跨国公司在华子公司慈善责任表现。

表4–5　　　　　跨国公司在华子公司慈善责任的测度

衡量题项	参考依据
慈善捐款、扶贫、助学	阿努帕马·马哈姆（2005）；徐尚昆和杨汝岱（2007）；谢名一（2010）；实地访谈
支持和参与社会公益事业	
关注弱势群体	
支持文化科教事业	

这一研究项目采用 Likert – 5 点量表衡量，设计从非常不同意到非常同意共5个选项，分别以分数1~5来表示，分数越高代表企业越同意，分数越低代表企业越不同意。对应附录2中的第二部分的 CSR_{26} ~ CSR_{29} 题项。

4.3.2　因变量

本研究的因变量是跨国公司在华子公司竞争优势。虽然有关企业竞争优势的研究文献不胜枚举，但其概念界定和测度仍然是战略管理学者争议的问题焦点，无论在理论界还是企业界仍远未达成共识（Ma Hao, 2000；Hoffman, 2000）。在繁杂的企业竞争优势文献中，一些学者（Zajac et al., 2000）采用诸如资产收益率（ROA）、销售收益率

第4章 社会责任对跨国公司在华子公司竞争优势影响的概念模型和研究设计

(ROS)等表征企业财务绩效水平的指标来对企业竞争优势水平进行测评。维克托(Victor, 2005)认为,将竞争优势的测量与绩效联系起来,用企业客观绩效的增长情况来测量竞争优势有一定的合理性。然而,企业的财务绩效水平并不等同于企业竞争优势水平(Ma Hao, 2000; Hoffman, 2000; Powell, 2001; Durand, 2002),单纯的财务绩效指标无法阐释企业竞争优势获取的内在逻辑。为弥补财务绩效指标测度的内在缺陷,后又有学者采用创新绩效(Wiklund & Shepherd, 2003)和客户满意度(Vogel, 2005)等非财务绩效指标来评价企业的竞争优势。而且,一些学者(Hamel & Prahalad, 1994; Peteraf, 1993; Ma Hao, 2000)认为,在测量竞争优势时,可以用企业在市场中与其对手竞争的能力来表示。企业可以让管理人员说明本企业在市场中是如何应对主要对手挑战的,这种测量方法虽然主观性较大,但是相当准确(Vogel, 2005)。鉴于许多战略管理研究工作都强调运用多指标测度竞争优势的重要性(Chakravarthy, 1986; Kaplan, 1984; Venkatraman & Ramanujam, 1986),本研究采取多维度指标(Cameron, 1978)对企业竞争优势进行综合衡量。综合已有的研究并考虑本研究的需要,本研究主要借鉴钱德勒和汉克斯(Chandler & Hanks, 1993)、文卡特拉马和拉马努贾姆(Venkatrama & Ramanujam, 1986)、安索夫和麦克唐纳(Ansoff & Mcdonnel, 1990)以及田雪莹(2008)的研究成果,并充分考虑到跨国公司在华子公司实践和结合实地访谈以及专家意见,对跨国公司在华子公司竞争优势的测量设计题项如表4-6所示。

表4-6　　　　　　跨国公司在华子公司竞争优势的测度

衡量题项	参考依据
本公司的总资产收益率比同行业平均水平要高	安索夫和麦克唐纳(1990);沃尔戈(Vogel, 2005);邓恩(Dunn, 2006);莱奥纳尔迪(Leonardi, 2007);田雪莹(2008);实地访谈;专家意见
本公司的总销售收益率比同行业平均水平要高	
本公司的年均销售增长率比同行业平均水平要高	
本公司的市场占有率比同行业平均水平要高	
本公司创新产品的成功率和新产品的销售率比同行业平均水平要高	
本公司的客户满意度比同行业平均水平要高	

这一研究项目采用 Likert – 5 点量表衡量，设计从非常不同意到非常同意共 5 个选项，分别以分数 1 ~ 5 来表示，分数越高代表企业越同意，分数越低代表企业越不同意。对应附录 2 中的第三部分的 CA_1 ~ CA_6 题项。

4.3.3 中间变量

本研究的中间变量是跨国公司在华子公司网络。在本研究中，跨国公司在华子公司社会责任是通过影响其在东道国的网络特征来对其竞争优势产生影响的。因此，跨国公司在华子公司网络特征是本研究的中间变量，具体包括网络结构和网络关系两个维度的五个测度变量，即网络结构特征用网络规模、网络异质性和网络中心度来衡量，网络关系特征用网络关系强度和网络关系质量来衡量。下面将对这两大维度的各个变量的测度进行具体说明。

1. 跨国公司在华子公司网络规模的测度

网络规模衡量的是网络的大小，或者说是网络包含的节点数量，是以网络连接形式体现的网络中存在的关系数目或关系种类数目，这是一个绝对指标，通常是根据企业与之直接建立联系的网络成员数量来测量。本研究主要借鉴陈学光（2007）、辛晴（2011）、李贞（2011）等的研究，同时结合实地访谈，把跨国公司在华子公司网络成员分为七类（见表 4 – 7），分别询问各类合作伙伴的数量，然后对题项中五个选项分别赋值为 0，2，6，12，20，最后再根据题项选择加总得出网络规模。题项对应附录 2 第四部分 1 中的题项 NWS_1 ~ NWS_7。

表 4 – 7　　　　跨国公司在华子公司交流合作的伙伴数量

	几乎没有 赋值 0	1 ~ 3 家 赋值 2	4 ~ 8 家 赋值 6	8 ~ 15 家 赋值 12	15 家以上 赋值 20
客户					
供应商					
经销商					

续表

	几乎没有 赋值 0	1~3 家 赋值 2	4~8 家 赋值 6	8~15 家 赋值 12	15 家以上 赋值 20
竞争者					
政府部门					
科研院所					
非营利组织					

2. 跨国公司在华子公司网络异质性的测度

网络异质性也称网络差异性，是用来衡量一个网络中全体成员在某种特征上的差异情况的指标。跨国公司在华子公司网络异质性的测度使用网络规模量表，用赫希曼—赫芬达尔指数（Hirschman – Heffindahl Index）计算[1]。该指数实际上是测量产业集中度的一个指标，反映了同一产业内厂商的分布情况。假如把每一个企业的自我中心网视为一个产业，企业的所有网络伙伴视为这个产业中的所有厂商，在每一个类型中的网络伙伴占全部伙伴的比重可以视为市场份额（在同一类型中的网络伙伴再多，我们仍然可以认为他们是相对同质的，因此同一类型的网络伙伴可以加总起来计算），那么网络异质性跟市场集中度还是非常相近似的。使用赫希曼—赫芬达尔指数来测量网络异质性在国外研究者中已经广泛采用，如阿格雷斯蒂等（Agresti et al., 1978）、鲍姆等（Baum et al., 2000）、郑等（Zheng et al., 2009）。网络异质性的计算公式如下：

$$\text{赫希曼 — 赫芬达尔指数} = 1 - \sum\nolimits_{ij}(P_{ij})^2$$

其中，P_{ij} 是焦点企业 i 在 j 类型中伙伴占全部伙伴的比例，取值范围 [0.1]，0 表示最小的异质性，1 表示最大的异质性。假设某一跨国公司在华子公司网络伙伴有 56 个，其中客户、供应商、经销商、竞争者、政府部门、科研院所、非营利组织分别为 20 个、2 个、12 个、20 个、0 个、2 个、0 个，则赫希曼 – 赫芬达尔指数：$1 - (20/56)^2 -$

---

[1] 该部分参考：辛晴：《知识网络对企业创新绩效的影响：基于动态能力的视角》，山东大学博士论文，2011 年。

$(2/56)^2 - (12/56)^2 - (20/56)^2 - (2/56)^2 = 0.697$。

3. 跨国公司在华子公司网络中心度的测度

网络中心度是用以衡量企业是否处于网络中心位置、网络外围，还是网络边缘位置的指标，并用来确定企业在组织间网络中的网络位置，即用中心度来表示企业在网络结构中的位置。本研究借鉴蔡（Tsai, 2001）、巴特扎尔嘎勒（Batjargal, 2001）、鲍威尔，科普特和史密斯－多尔（Powell, Koput & Smith－Doerr, 1996）、董保宝（2008）和辛晴（2011）的研究，并充分考虑到跨国公司在华子公司的实践特点、结合实地访谈和专家意见以及预测试结果，设计测量题项见表4－8。

表4－8   跨国公司在华子公司网络中心度的测度

衡量题项	参考依据
很多组织和机构容易与本公司建立联系	蔡（2001）；巴特扎尔嘎勒（2001）；鲍威尔、科普特和史密斯－多尔（1996）；董保宝（2008）；辛晴（2011）；实地访谈；专家意见；预测试
本公司与合作伙伴的直接联系多于间接联系	
合作伙伴间建立联系，很多都是通过本公司来实现	
本公司经常收到伙伴公司的信息或知识	
相对于合作伙伴，本公司掌握较多的资源	
本公司在网络中的地位促使其他网络成员与其合作	
本公司在网络中的地位为其带来了正面效应而非负面效应	

这一研究项目采用 Likert－5 点量表衡量，设计从非常不同意到非常同意共5个选项，分别以分数 1～5 来表示，分数越高代表企业越同意，分数越低代表企业越不同意。对应附录2第四部分3中的 NW_1 ～ NW_7 题项。

4. 跨国公司在华子公司网络关系强度的测度

本研究对网络关系强度理解主要以格兰诺维特（Granovetter, 1973）的研究为依据。格兰诺维特把关系分为强关系与弱关系，行动者间互动频率越高、感情越深、关系越亲密、互惠交换越多则为强关系，反之则为弱关系。借鉴格兰诺维特（1973）、马斯登和坎贝尔（Marsden &

第4章 社会责任对跨国公司在华子公司竞争优势影响的概念模型和研究设计

Campbell，1984)、吉尔辛和努特博姆（Gilsing & Nooteboom，2005)、辛晴（2011）和李贞（2011）的研究，用互动频率大小来具体测度跨国公司在华子公司网络关系强度，对于互动频率的测度如表4-9所示，对题项中五个选项分别赋值为1，2，3，4，5。对应附录2第四部分2中的题项 $NWF_1 \sim NWF_7$。

表4-9　　　　跨国公司在华子公司网络关系强度的测度

	没有交往 赋值1	每年1次 赋值2	每季度1次 赋值3	每月1次 赋值4	每周1次 赋值5
客户					
供应商					
经销商					
竞争者					
政府部门					
科研院所					
非营利组织					

5. 跨国公司在华子公司网络关系质量的测度

网络关系质量衡量的是行动者双方的情感紧密性、熟识程度和互惠交换程度。本研究借鉴英克彭和曾（Inkpen & Tsang，2005)、乌兹和吉莱斯皮（Uzzi & Gillespie，2000)、辛晴（2011）和李贞（2011）的研究成果，并充分考虑到跨国公司在华子公司实践和结合实地访谈、专家意见以及预测试结果，对跨国公司在华子公司网络关系质量的测度题项设定如表4-10所示。

这一研究项目采用Likert-5点量表衡量，设计从非常不同意到非常同意共5个选项，分别以分数1~5来表示，分数越高代表企业越同意，分数越低代表企业越不同意。对应附录2第四部分3中的 $NW_8 \sim NW_{11}$ 题项。

表4-10　　　跨国公司在华子公司网络关系质量的测度

衡量题项	参考依据
本公司与合作伙伴的交往中，都能信守承诺，履行合同	英克彭和曾（2005）；乌兹和吉莱斯皮（2000）；辛晴（2011）；李贞（2011）；实地访谈；专家意见；预测试
本公司与合作伙伴能够互相帮助，共同解决问题	
若本公司有新的合作业务或机会，首先会想到现有的合作伙伴	
在与合作伙伴的交往中，双方都尽量避免从事损害对方利益的活动	

4.3.4 控制变量

本研究选择公司规模、公司成立年限作为控制变量，以剔除这些因素对跨国公司在华子公司竞争优势的影响。

1. 跨国公司在华子公司规模的测度

研究发现，公司规模会影响到企业的研发投入等，从而对公司竞争优势产生影响。而且对于企业社会责任而言，公司规模也是一个重要的影响因素，因为通常大企业、大公司会更多地关注其利益相关者、更多地关注社会问题，也有能力更好地履行企业社会责任。因此，在研究社会责任对跨国公司在华子公司竞争优势的影响时，应该将公司规模作为控制变量。本研究把跨国公司在华子公司的年销售收入作为判断其公司规模的标准，并将其分为大、中、小三类：当公司销售收入小于5000万元人民币时，即为小规模公司，赋值0；当公司销售收入在5000万至5亿元之间时，为中等规模公司，赋值1；当公司销售收入大于5亿元时，即为大规模公司，赋值2。

2. 跨国公司在华子公司成立年限的测度

企业成立年限会影响企业的能力和知识的积累，从而影响企业的竞争优势（Lane & Lubatkin, 1998; Zahra et al., 2000）。因此，本研究选择企业成立年限作为一个控制变量，并以跨国公司在华子公司在中国自创立至今的成长年限进行测度，并分为两类：成立年限不足5年（包括五年）的公司，赋值0，成立年限超过五年的公司，赋值1。

4.4 样本选取与数据收集

4.4.1 样本选取

本研究采用问卷调查方式来获得数据，问卷发放对象为北京、上海、天津、济南、青岛、烟台、日照、东营等地区的跨国公司在华子公司。从样本企业的股权性质看，本研究的样本企业对象限定于：海外跨国公司在中国设立的全资或控股子公司，海外跨国公司与中国本土企业共同设立的合资公司，港澳台在内地设立的全资、控股子公司以及与内地企业共同设立的合资公司。样本企业涉及传统制造业、信息产业、金融、保险业、零售商业、贸易批发业、化工业、医药业、采矿业、文体娱乐业、餐饮服务业等十几个行业领域。之所以选择这些地区作为问卷发放区域，主要基于两方面考虑。一是北京、上海、天津、山东等地区作为我国目前经济发展速度最快、经济总量规模最大的区域，也是跨国公司比较集中的地区，这里涵盖了不同规模、不同年限、不同性质、不同行业的跨国公司。在这些地区，跨国公司经营环境的变化、经营战略的调整、经营方式的变化能够整体反映在华跨国公司的基本情况。因此，在这些地区选取样本具有典型性，有助于本书研究目的的实现。二是样本企业的配合程度是能否获得高质量数据的关键。作者和自己所在的研究团队的社会关系因素有助于问卷的发放和回收，保证数据的获得性和可靠性。

4.4.2 数据收集

数据收集是论文实证研究的关键环节，直接决定研究数据的有效性和可靠性，从而影响最终的研究结果。考虑到向大量企业发放问卷，并且要保证一定的回收率和有效率，因此要保证问卷填写的时间和质量比较困难。因此本研究采取了多种问卷发放方式。一是互联网搜索，主要通过使用百度或谷歌搜索引擎，对国内相关企业社会责任文献中提到的在华跨国公司网站进行搜索，在搜索到的在华跨国公司网站中，选取有电子邮箱联系地址的跨国公司在华子公司，问卷进行群发；二是直接邮寄，在相关政府部门工作人员的协助下，直接将调查问卷邮寄给跨国公司在华子公司；三是就业咨询机构，利用本校就业指导与服务中心所提供的招聘企业的联系方式，选取有电子邮箱联系地址的跨国公司在华子公司，对其集中进行问卷分发；四是集中走访，笔者和研究团队借访谈和课题调研及其他相关事务之便，向符合要求的对象面对面发放问卷并回收；五是个人关系网络，主要是通过同学、亲戚和朋友关系自行发放。通过这些联系人同相关跨国公司在华子公司的关系，由他们将问卷通过电子邮箱或印刷问卷发放给相关跨国公司在华子公司的被调查者，请其填写完毕后将问卷发还给问卷联系人，然后由联系人通过电子邮箱或邮寄的方式交到作者手中。问卷的发放与回收经历了三个多月的时间，这期间问卷发出 280 份，初步收回的问卷数是 147 份，剔除无效问卷 24 份，有效问卷为 123 份，问卷有效回收率为 44%。无效问卷判定的主要根据为项目填写有较多的缺省、项目填写有严重的极端表现和有明显的矛盾性表现以及答案雷同问卷。

4.5　统计分析方法

本研究采用问卷调查方法收集数据，根据研究所讨论问题的性质及相关假设所包含的因素的特征，笔者将对数据进行描述性统计分析、信度与效度检验、因子分析、相关分析、多元回归分析等多种分析方法。本研究使用的统计软件是 SPSS for Windows 13.0 版。

4.5.1　描述性统计分析

描述性统计主要对样本基本资料，包括公司规模、所属行业、成立时间、公司股权性质等进行统计分析，说明各变量的平均数、百分比、次数分配表等，以描述样本的类别、特性以及比例分配状况。

4.5.2 信度与效度检验

信度是指量表的可靠程度和稳定程度,是衡量数据质量的重要指标。信度检验的常用指标是克郎巴哈(Cronbach's alpha)系数。一般认为,量表各层面和总量表的克郎巴哈系数的 α 值大于 0.7 时,为信度的可接受范围。

效度是衡量样本数据质量的重要指标,表征了测量工具能否正确地测量出想要衡量性质的程度,即测量的正确性。效度分为内容效度(content validity)、效标关联效度(criterion-related validity)和构念效度(construct validity)。其中内容效度和构念效度是量表开发中最为关注的议题。内容效度表征了测量内容在多大程度上代表或反映了研究者所要测量的构念,是建立其构念效度的必要前提。本研究的量表题项是在文献综述的基础上,充分分析测量相关变量的经典量表后进行的设计,并通过专家咨询、实地访谈和预测试进行了多次论证和微调,因而可以认为具有较高的内容效度。构念效度指量表题项能够测量理论的概念或特质的程度,即来证明从量表所获得的结果与设计该量表时所依据理论之间的契合程度。构念效度以理论的逻辑分析为基础,同时又根据实际所得的资料来检验理论的正确性,因此是一种相当严谨的效度检验方法(王保进,2002)。对量表构念效度的检验通常包括四个步骤:通过文献回顾和梳理建立假设性理论建构;编制合适的测验工具;选择适当的被试者进行测验;以统计检验的实证方法检验效度,因子分析是检验量表构念效度的主要统计方法[①]。

因子分析主要目的是浓缩数据,通过对诸多变量的相关性研究,可以用假想的少数几个变量,来表示原来变量的主要信息[②]。因子分析包括探索性因子分析(Explorative Factor Analysis,EFA)和验证性因子分析(Confirmative Factor Analysis,CFA)两种。两种分析方法最大的不同,在于测量理论架构在分析过程中所扮演的角色与检验时机。在 EFA 程序中,理论架构的出现是一个事后概念,因子结构是由研究者从一组

[①] 吴明隆:《问卷统计分析实务——SPSS 操作与应用》,重庆大学出版社 2010 年版,第 236 页。

[②] 马庆国:《管理统计》,科学出版社 2010 年版,第 144 页。

独立的策略指标或题项中,由主观判断来决定的一个具有计量合理性与理论契合性的结构,并以该结构来代表所测量题项的概念内容或构念特质。而在 CFA 程序中,理论架构是一个事前概念,其计量模型具有先验性,CFA 的进行必须有特定的理论观点或概念结构作为基础,然后借由数学程序来确认评估该理论观点所导出的计量模型是否适当、合理①。EFA 的目的在于确认量表因子结构或一组变量的模型,常考虑的是要决定多少个因子或构念,同时因子负荷量的组型如何;而 CFA 则用来检验已知的特定结构是否按照预期的方式产生作用,通常会依据一个严谨的理论,或在实证基础上,允许研究者事先确认一个正确的因子模型。本研究针对跨国公司社会责任各维度、跨国公司在华子公司网络以及跨国公司在华子公司竞争优势所涉及的问卷题项拟进行 EFA,以确定各题项是否具有构念效度。

4.5.3 相关分析

本研究拟通过统计计算跨国公司社会责任各维度变量与跨国公司在华子公司竞争优势以及跨国公司在华子公司网络等变量间的皮尔逊(Pearson)相关系数,考察各变量之间是否具有显著的相关性,作为进一步分析的基础。

4.5.4 多元回归分析

本研究拟通过多元回归法对前述假设进行检验,即通过多元回归分析探讨跨国公司社会责任与跨国公司在华子公司竞争优势、跨国公司社会责任与跨国公司在华子公司网络、跨国公司在华子公司网络与其竞争优势三组变量之间的关系。

4.6 本章小结

本章从研究假设、问卷设计、变量测度、样本选取与数据收集和统

---

① 丘皓政:《量化研究与统计分析》,重庆大学出版社 2009 年版,第 179 页。

第4章 社会责任对跨国公司在华子公司竞争优势影响的概念模型和研究设计

计方法等方面对概念模型和研究设计进行了较为详细的阐述。在研究假设方面，本研究根据第 3 章的理论分析，设定了跨国公司社会责任与跨国公司在华子公司竞争优势、跨国公司社会责任与跨国公司在华子公司网络、跨国公司在华子公司网络与其竞争优势三组变量之间理论假设模型。在问卷设计方面，本研究采用了多种方法科学合理地设计调查问卷，尽可能排除干扰因素的影响。在样本选取和数据收集方面，对样本的选择范围与问卷发放和回收方式进行了较为科学合理的控制，以确保所获数据的可靠性和有效性。在变量测度方面，本研究借鉴国内外现有的关于跨国公司社会责任、企业网络和竞争优势的理论以及实证研究，同时结合多种方法，确立了自变量、因变量、中间变量和控制变量的测量方法。在统计分析方法方面，对本研究采用的描述统计分析、信度和效度分析、相关分析、多元回归分析等主要计量方法进行了说明。

第5章 社会责任对跨国公司在华子公司竞争优势影响的实证分析

本章拟对社会责任对跨国公司在华子公司竞争优势的影响进行实证分析。通过 SPSS 统计软件对样本企业进行描述性统计分析、信度和效度检验、相关分析和多元回归分析，以验证第 4 章在理论分析基础上构建的概念模型和假设成立情况。

5.1 描述性统计分析

5.1.1 样本资料特征描述性统计

表 5-1 是样本企业的基本统计情况。从表中可以看出，在 123 份有效样本企业中，跨国公司在华子公司绝大部分来自美国、欧盟、日本、韩国和中国港澳台地区，它们占据样本总数的 95.12%，其中美国公司 41 家，占 33.33%，欧盟公司 29 家，占 23.58%，日本公司 24 家，占 19.51%，韩国公司 13 家，占 10.57%，中国港澳台地区的公司 10 家，占 8.13%，其他国家和地区的公司 6 家，占 4.88%。从年销售收入看，年销售收入在 5 亿元以上的公司有 68 家，占 55.28%，5000 万~5 亿元的公司有 39 家，占 31.71%，5000 万元以下的公司有 16 家，占 13.01%。从样本公司涵盖的行业范围看，包括传统制造、信息、金融保险、零售、贸易批发、化工、医药、采矿、文体娱乐等多种行业，其中主要集中于传统制造和信息产业两大领域，它们占据了样本公司的

60.17%。从在中国大陆的地域分布看，样本公司主要分布于山东、北京、上海、天津地区，其中在山东的公司有47家，占38.21%，在北京的公司有32家，占26.02%，在上海的公司有21家，占17.07%，在天津的公司有16家，占13.01%。总体上，结合跨国公司在中国的实践，无论是从跨国公司在华子公司的投资来源看，还是从销售规模、行业分布看，样本公司均具有较强的合理性和代表性。

表5-1　　　　　样本企业基本情况描述性统计表

变量类型	样本数量	百分比（%）	累积百分比（%）
投资来源国家和地区			
美国	41	33.33	33.33
欧盟	29	23.58	56.91
日本	24	19.51	76.42
韩国	13	10.57	86.99
港澳台地区	10	8.13	95.12
其他	6	4.88	100
年销售额			
5亿元以上	68	55.28	55.28
5000万至5亿元	39	31.71	86.99
5000万元以下	16	13.01	100
所在行业			
传统制造业	39	31.71	31.71
信息产业	35	28.46	60.17
金融保险业	9	7.32	67.49
零售业	6	4.88	72.37
贸易批发业	10	8.13	80.5
化工业	5	4.07	84.57
医药业	8	6.5	91.07
采矿业	2	1.63	92.7
文体娱乐业	4	3.25	95.95
其他	5	4.05	100

续表

变量类型	样本数量	百分比（%）	累积百分比（%）
在华成立年份			
2005年以前	106	86.18	86.18
2005年之后	17	13.82	100
在华地域分布			
北京	32	26.02	26.02
上海	21	17.07	43.09
天津	16	13.01	56.10
山东	47	38.21	94.31
其他	7	5.69	100
样本总量		123	

5.1.2 研究变量描述性统计

表5-2是调研样本变量的描述性统计。从表中大致可以看出，各个测量项目的均值都超过了3（一般满意）。由于测量样本是来源于对跨国公司在华子公司管理人员的调查，这说明了跨国公司在华子公司在企业社会责任、竞争优势、东道国网络这三个方面的表现状况。值得注意的是，表中对跨国公司在华子公司网络规模、网络异质性和关系强度的测量是通过赋予不同的数值而经过计算而得，所以，其均值和标准差和其他的变量有明显差异。

表5-2　　　　　　研究变量的均值与标准差

变量名称	样本数量	均值	标准差
跨国公司在华子公司竞争优势	123	3.83	0.991
跨国公司在华子公司经济责任	123	3.63	0.995
跨国公司在华子公司环境责任	123	4.01	0.872
跨国公司在华子公司法律责任	123	3.65	1.007
跨国公司在华子公司社会关系责任	123	3.58	0.975

续表

变量名称	样本数量	均值	标准差
跨国公司在华子公司慈善责任	123	3.39	1.009
跨国公司在华子公司网络规模	123	97	17.883
在华子公司网络异质性	123	0.53	1.003
在华子公司网络中心度	123	3.76	0.865
在华子公司网络关系强度	123	17.23	9.872
在华子公司网络关系质量	123	3.46	1.138

5.2 样本信度及效度检验

5.2.1 样本信度检验

如第4章所述，信度是指量表的可靠程度和稳定程度，是衡量数据质量的重要指标。传统的信度检验方法主要有等值信度检验、重测信度检验和内部一致性信度检验。等值信度检验是以两个测量复本先后测量同一群体，然后得到受测试者在这两个测验上得分的相关系数，它是考虑测量误差有多少来自不同的受测试者或不同测量项目的测量，是探讨在特定时间内，不同受测试者或测量项目所造成的变异。重测信度检验，是用来考察测量稳定性的标准，用一种测量工具，对同一群受测试者重复检测，两次测量结果计算的可靠系数，即为重测信度。内部一致性信度检验，是属于内在信度检验，反映了问卷中一组相关问题（或整个调查表）衡量同一个概念的程度。内部一致信度的测量又可以分为折半信度、构造信度和克郎巴哈系数。折半信度用以测量项目之间的内部一致性，即把测量分为两组题目，求两部分的相关系数，两部分相关程度越高，表明测量工具在内部一致性方面具有越高的信度。构造信度主要是评价潜变量的信度，即一组可测变量共同说明某一潜变量的程度。内部一致性信度往往采用克郎巴哈（Cronbach）提出的系数测量信度，即克郎巴哈系数。其中，克郎巴哈系数的 α 值越接近于1，表明信度越高。实证研究中，普遍使用克郎巴哈系数的 α 值来检验数据的可靠性。

一般认为，量表各层面和总量表的克郎巴哈系数的 α 值大于 0.7 时，为信度的可接受范围。

本研究按照普遍测量信度的方法对样本数据只进行了内部一致性检验。特别说明的是，本研究使用网络规模、网络异质性和网络中心度来测量跨国公司在华子公司网络结构特征，其中网络规模、网络异质性都是计算得出，无须进行信度检验，因此只对网络中心度变量进行了信度检验。表 5-3 汇总了本研究样本的信度检验结果，从表中可以看出，克郎巴哈系数的 α 值均大于 0.7，处于可接受的范围之内，证明本研究数据具有较高的可信度和稳定度，也反映了研究各变量具有较好的内部一致性。

表 5-3　　　　　　　　　　样本信度检验结果

变量	项目个数	α 值
跨国公司在华子公司竞争优势	6	0.76
跨国公司在华子公司经济责任	6	0.78
跨国公司在华子公司环境责任	4	0.80
跨国公司在华子公司法律责任	3	0.75
跨国公司在华子公司社会关系责任	12	0.71
跨国公司在华子公司慈善责任	4	0.85
跨国公司在华子公司网络中心度	7	0.79
跨国公司在华子公司网络关系强度	7	0.77
跨国公司在华子公司网络关系质量	4	0.73

5.2.2　样本效度检验

如第 4 章所述，效度是衡量样本数据质量的重要指标，表征了测量工具能否正确地测量出想要衡量性质的程度，即测量的正确性。效度分为内容效度（content validity）、效标关联效度（criterion-related validity）和构念效度（construct validity）。其中内容效度和构念效度是量表开发中最为关注的议题。而内容效度分析主要体现在测量问题项及测量体系的构建中,本书前面章节已经对此进行了详细阐述,无须再进行检验。下面主要采取探索性因子分析方法(EFA)来检验构念效度。

1. 跨国公司社会责任测量量表的效度检验

首先,对回收的 123 份有效问卷做 KMO 检验和巴特利特球度检验(Bartlett's test of sphericity),以判断数据是否适合进行因子分析。凯泽(Kaiser)给出了常用的 KMO 度量标准:0.9 以上表示非常适合;0.8 表示适合;0.7 表示一般;0.6 表示不太适合;0.5 以下表示极不适合[1]。其次,采取主成分分析法(principal component analysis)进行 KMO 和巴特利特球度检验,如表 5-4 所示,主成分分析的 KMO 值为 0.813,巴特利特球度检验值 375.402 是显著的,表明数据适合进行因子分析。同样采取主成分分析法,并配合最大变异法(varimax)进行正交旋转(orthogonal rotation)提取因子并估计因子负荷。表 5-4 显示了 29 个题项的主成分因子分析结果。数据结果显示存在五个因子,而且五个因子负荷状况良好,其特征值分别为 7.854、5.416、4.307、3.214 和 2.468,解释的方差占总方差的百分比分别为 27.083%、18.672%、14.849%、11.083% 和 8.553%,累积解释了总变异量的 80.24%,表明提取的五个因子能够很好地解释测量变量。如表 5-4 所示,第一因子由题项 $CSR_1 \sim CSR_6$ 决定,与本研究中跨国公司社会责任的经济责任这一维度的题项设置基本吻合,第二因子由题项 $CSR_7 \sim CSR_{10}$ 决定,与本研究中跨国公司社会责任中的环境责任这一维度的题项设置基本吻合,第三因子由题项 $CSR_{11} \sim CSR_{13}$ 决定,与本研究中跨国公司社会责任中的法律责任这一维度的题项设置基本吻合,第四因子由题项 $CSR_{14} \sim CSR_{25}$ 决定,与本研究中跨国公司社会责任中的社会关系责任这一维度的题项设置基本吻合,第五因子由题项 $CSR_{26} \sim CSR_{29}$ 决定,与本研究中跨国公司社会责任中的慈善责任这一维度的题项设置基本吻合。最后,探索性因子分析的结果表明,本研究中跨国公司社会责任的测量量表具有较好的效度。

---

[1] 薛薇:《SPSS 统计分析方法及应用》,电子工业出版社 2009 年版,第 332 页。

表5-4　　跨国公司在华子公司企业社会责任变量EFA表

变量	衡量题项	因子负荷量				
		Factor1	Factor2	Factor3	Factor4	Factor5
跨国公司在华子公司企业社会责任（CSR）	CSR_1	0.912				
	CSR_2	0.903				
	CSR_3	0.901				
	CSR_4	0.899				
	CSR_5	0.896				
	CSR_6	0.867				
	CSR_7		0.796			
	CSR_8		0.784			
	CSR_9		0.779			
	CSR_{10}		0.772			
	CSR_{11}			0.798		
	CSR_{12}			0.745		
	CSR_{13}			0.741		
	CSR_{14}				0.771	
	CSR_{15}				0.769	
	CSR_{16}				0.767	
	CSR_{17}				0.758	
	CSR_{18}				0.756	
	CSR_{19}				0.753	
	CSR_{20}				0.747	
	CSR_{21}				0.745	
	CSR_{22}				0.743	
	CSR_{23}				0.741	
	CSR_{24}				0.737	
	CSR_{25}				0.733	

续表

变量	衡量题项	因子负荷量				
		Factor1	Factor2	Factor3	Factor4	Factor5
跨国公司在华子公司企业社会责任（CSR）	CSR$_{26}$					0.887
	CSR$_{27}$					0.873
	CSR$_{28}$					0.870
	CSR$_{29}$					0.852
主成分特征值		7.854	5.416	4.307	3.214	2.468
解释变异量		27.083%	18.672%	14.849%	11.083%	8.553%
累积解释变异量	80.24%	27.083%	45.755%	60.604%	71.687%	80.24%
KMO：0.813；巴特利特球度检验：375.402						

注：提取方法：主成分分析；旋转方法：开塞正态方差最大变异法。
各衡量题项具体内容见附录 2 问卷调查表。

2. 跨国公司在华子公司竞争优势测量量表的效度检验

同样，首先对回收的 123 份有效问卷做 KMO 检验和巴特利特球度检验，以判断数据是否适合进行因子分析。其次采取主成分分析法进行 KMO 和巴特利特球度检验，如表 5-5 所示，主成分分析的 KMO 值为 0.893，巴特利特球度检验值 133.794 是显著的，表明数据适合进行因子分析。同样采取主成分分析法，并配合最大变异法进行正交旋转（orthologonal rotation）提取因子并估计因子负荷。如表 5-5 所示，共提取了 1 个因子，而且因子负荷状况良好，该因子对变量的累积解释率为 76.267%，表明提取的因子能够很好地解释测量变量。该因子与本研究中跨国公司在华子公司竞争优势的测量题项设置一致。最后探索性因子分析的结果表明，本研究中跨国公司在华子公司竞争优势的测量量表具有较好的效度。

表 5-5　　　跨国公司在华子公司竞争优势变量 EFA 表

变量	衡量题项	因子负荷量 Factor1
跨国公司在华子公司竞争优势（CA）	CA_5	0.901
	CA_6	0.897
	CA_4	0.892
	CA_1	0.878
	CA_2	0.876
	CA_3	0.814
主成分特征值		4.576
解释变异量		76.267%
累积解释变异量		76.267%
KMO：0.893；巴特利特球度检验值：133.794			

注：提取方法：主成分分析；旋转方法：开塞正态方差最大变法；a.1 提取的成分。
各衡量题项具体内容见附录 2 问卷调查表。

3. 跨国公司在华子公司网络结构特征测量量表的效度检验

本研究使用网络规模、网络异质性和网络中心度来测量跨国公司在华子公司网络结构特征，其中网络规模、网络异质性都是计算得出，无须进行效度检验，因此只对网络中心度变量进行效度检验。

同样，首先对回收的 123 份有效问卷做 KMO 检验和巴特利特球度检验，以判断数据是否适合进行因子分析。其次采取主成分分析法进行 KMO 和巴特利特球度检验，如表 5-6 所示，主成分分析的 KMO 值为 0.852，巴特利特球度检验值 547.558 是显著的，表明数据适合进行因子分析。同样采取主成分分析法，并配合最大变异法进行正交旋转提取因子并估计因子负荷。如表 5-6 所示，共提取了 1 个因子，而且因子负荷状况良好，该因子对变量的累积解释率为 46.317%，表明提取的因子能够很好地解释测量变量。该因子与本研究中跨国公司在华子公司网络中心度的测量题项设置一致。最后探索性因子分析的结果表明，本研究中跨国公司在华子公司网络结构特征中的网络中心度的测量量表具有较好的效度。

表 5-6　　　　跨国公司在华子公司网络中心度变量 EFA 表

变量	衡量题项	因子负荷量 Factor1
跨国公司在华子公司网络中心度	NW_2	0.872
	NW_6	0.868
	NW_4	0.852
	NW_5	0.850
	NW_1	0.783
	NW_3	0.779
	NW_7	0.764
主成分特征值		3.243
解释变异量		46.317%
累积解释变异量		46.317%
KMO：0.852；巴特利特球度检验：547.558		

注：提取方法：主成分分析；旋转方法：开塞正态方差最大变异法；a.1 提取的成分。各衡量题项具体内容见附录 2 问卷调查表。

4. 跨国公司在华子公司网络关系特征测量量表的效度检验

同样，首先对回收的 123 份有效问卷做 KMO 检验和巴特利特球度检验，以判断数据是否适合进行因子分析。其次采取主成分分析法进行 KMO 和巴特利特球度检验，如表 5-7 所示，主成分分析的 KMO 值为 0.839，巴特利特球度检验值 496.708 是显著的，表明数据适合进行因子分析。同样采取主成分分析法，并配合最大变异法进行正交旋转提取因子并估计因子负荷。表 5-7 显示了 11 个题项的主成分因子分析结果。数据结果显示存在两个因子，而且两个因子负荷状况良好，其特征值分别为 5.273 和 2.308，解释的方差占总方差的百分比分别为 47.936% 和 20.983%，累积解释了总变异量的 68.919%，表明提取的两个因子能够很好地解释测量变量。如表 5-7 所示，第一因子由题项 $NWF_1 \sim NWF_7$ 决定，与本研究中跨国公司在华子公司网络关系特征的网络关系强度这一维度的题项设置相一致，第二因子由题项 $NW_8 \sim NW_{11}$ 决定，与本研究中跨国公司在华子公司网络关系特征的网络关系质量这一维度的题项设置相一致。最后探索性因子分析的结果表明，本研究中跨国公司在华子公司网络关系特征的测量量表具有较好的效度。

表 5-7　跨国公司在华子公司网络关系特征变量 EFA 表

变量	衡量题项	因子负荷量 Factor1	因子负荷量 Factor2
跨国公司在华子公司网络关系特征	NWF_1	0.867	
	NWF_2	0.863	
	NWF_5	0.854	
	NWF_3	0.851	
	NWF_4	0.832	
	NWF_7	0.831	
	NWF_6	0.799	
	NW_8		0.822
	NW_9		0.796
	NW_{11}		0.741
	NW_{10}		0.738
主成分特征值		5.273	2.308
解释变异量		47.936%	20.983%
累积解释变异量	68.919%	47.936%	68.919%
KMO：0.839；巴特利特球度检验：496.708			

注：提取方法：主成分分析；旋转方法：开塞正态方差最大变异法。
各衡量题项具体内容见附录 2 问卷调查表。

5.3　样本总体变量间的 Pearson 相关分析

在完成样本数据的信度和效度检验后，需要通过相关分析初步判断两个变量间的关联程度，以便为后面的多元回归分析做准备。研究变量的相关分析主要是通过计算变量间的相关性系数来进行，这里计算的是因变量、自变量和中间变量两两之间的皮尔逊（Pearson）相关系数，其计算结果见表 5-8。

第5章 社会责任对跨国公司在华子公司竞争优势影响的实证分析

表5-8 样本总体变量间的相关分析统计表

	M_1	M_2	M_3	M_4	M_5	X_1	X_2	X_3	X_4	X_5	Y
M_1	1										
M_2	0.000	1									
M_3	0.000	0.000	1								
M_4	0.247*	0.034	0.171	1							
M_5	0.102	0.369**	0.289**	0.000	1						
X_1	0.267**	0.316**	0.329**	0.314**	0.308**	1					
X_2	0.035	0.267**	0.351**	0.274**	0.331**	0.000	1				
X_3	0.146	0.021	0.384**	0.297*	0.345*	0.000	0.000	1			
X_4	0.319**	0.064	0.251**	0.247	0.362*	0.000	0.000	0.000	1		
X_5	0.328**	0.009	0.276**	0.303**	0.174	0.000	0.000	0.000	0.000	1	
Y	0.061	0.526**	0.427**	0.363**	0.381**	0.581**	0.539**	0.374**	0.561**	0.432**	1

注：** 相关性在0.01水平上显著（双尾）；* 相关性在0.05水平上显著（双尾）。M_1 为网络规模；M_2 为网络异质性；M_3 为网络中心度；M_4 为关系强度；M_5 为关系质量；X_1 为经济责任；X_2 为环境责任；X_3 为法律责任；X_4 为社会关系责任；X_5 为慈善责任；Y 为竞争优势。

通过表 5-8，可以初步判断出各个变量两两之间的相互影响和假设成立的情况，具体分析如下：

第一，经济责任与网络规模显著相关（r = 0.267，p < 0.01），经济责任与网络异质性显著相关（r = 0.316，p < 0.01），经济责任与网络中心度显著相关（r = 0.329，p < 0.01），经济责任与关系强度显著相关（r = 0.314，p < 0.01），经济责任与关系质量显著相关（r = 0.308，p < 0.01），经济责任与竞争优势显著相关（r = 0.581，p < 0.01）。

第二，环境责任与网络异质性显著相关（r = 0.267，p < 0.01），环境责任与网络中心度显著相关（r = 0.351，p < 0.01），环境责任与关系强度显著相关（r = 0.274，p < 0.01），环境责任与关系质量显著相关（r = 0.311，p < 0.01），环境责任与竞争优势显著相关（r = 0.539，p < 0.01）。

第三，法律责任与网络中心度显著相关（r = 0.384，p < 0.01），法律责任与关系强度显著相关（r = 0.297，p < 0.05），法律责任与关系质量显著相关（r = 0.345，p < 0.05），法律责任与竞争优势显著相关（r = 0.374，p < 0.01）。

第四，社会关系责任与网络规模显著相关（r = 0.319，p < 0.01），社会关系责任与网络中心度显著相关（r = 0.251，p < 0.01），社会关系责任与关系质量显著相关（r = 0.362，p < 0.05），社会关系责任与竞争优势显著相关（r = 0.561，p < 0.01）。

第五，慈善责任与网络规模显著相关（r = 0.328，p < 0.01），慈善责任与网络中心度显著相关（r = 0.276，p < 0.01），慈善责任与关系强度显著相关（r = 0.303，p < 0.01），慈善责任与竞争优势显著相关（r = 0.432，p < 0.01）。

第六，网络规模与关系强度显著相关（r = 0.247，p < 0.05）。

第七，网络异质性与关系质量显著相关（r = 0.369，p < 0.01），网络异质性与竞争优势显著相关（r = 0.526，p < 0.01）。

第八，网络中心度与关系质量显著相关（r = 0.289，p < 0.01），网络中心度与竞争优势显著相关（r = 0.427，p < 0.01）。

第九，关系强度与竞争优势显著相关（r = 0.363，p < 0.01）。

第十，关系质量与竞争优势显著相关（r = 0.381，p < 0.01）。

第5章 社会责任对跨国公司在华子公司竞争优势影响的实证分析

总之，根据上述相关分析的结果，可以初步判断：一方面，跨国公司在华子公司社会责任通过经济责任、环境责任、法律责任、社会关系责任和慈善责任五个维度对跨国公司在华子公司竞争优势具有直接的显著正向影响；另一方面，跨国公司在华子公司社会责任以跨国公司在华子公司网络为中介，对跨国公司在华子公司竞争优势具有间接的显著正向影响。其中跨国公司在华子公司社会责任中的经济责任主要通过影响跨国公司在华子公司网络规模、网络异质性、网络中心度、网络关系强度和关系质量对在华子公司竞争优势产生作用，跨国公司在华子公司社会责任中的环境责任主要通过影响跨国公司在华子公司网络异质性、网络中心度、网络关系强度和关系质量对在华子公司竞争优势产生作用，跨国公司在华子公司社会责任中的法律责任主要通过影响跨国公司在华子公司网络中心度、网络关系强度和关系质量对在华子公司竞争优势产生作用，跨国公司在华子公司社会责任中的社会关系责任主要通过影响跨国公司在华子公司网络规模、网络中心度和网络关系质量对在华子公司竞争优势产生作用，跨国公司在华子公司社会责任中的慈善责任主要通过影响跨国公司在华子公司网络规模、网络中心度和网络关系强度对在华子公司竞争优势产生作用。当然，研究变量间的相关分析结果只是表明上述影响存在的可能性，但并不能足以揭示影响存在的因果关系，为此，还需要在相关分析的基础上，进一步通过多元回归分析来验证概念模型是否合理和相关假设是否成立。

5.4 样本总体变量间关系的多元回归分析

为验证本研究概念模型和相关假设是否成立，探寻跨国公司在华子公司社会责任影响跨国公司在华子公司竞争优势的机制，接下来本研究拟对以上三组变量根据因果关系建立起的回归模型进行分析，即跨国公司社会责任对跨国公司在华子公司竞争优势的回归分析，跨国公司社会责任对跨国公司在华子公司网络的回归分析以及跨国公司在华子公司网络对跨国公司在华子公司竞争优势的回归分析。

在进行多元回归分析时，模型中应引入多少解释变量（自变量）是需要重点研究的。若引入的变量较少，回归方程将无法很好地解释说明被解释变量（因变量）的变化，但也并非引入的变量越多越好，因为这些变量之间可能存在多重共线性问题。因此，有必要采取一些策略对变量引入回归方程加以控制和筛选。多元回归分析中，变量的筛选一般有前向筛选（forward）、后向筛选（backward）和逐步筛选（stepwise）三种策略。前向筛选策略是解释变量不断进入回归方程的过程。首先选择与被解释变量具有最高线性相关系数的变量进入方程，并进行回归方程的各种检验；其次在剩余的变量中寻找与解释变量偏相关系数最高并通过检验的变量进入回归方程，并对新建立的回归方程进行各种检验；最后这个过程一直重复，直到再也没有可进入方程的变量为止。后向筛选策略是变量不断剔除出回归方程的过程。首先所有变量全部引入回归方程，并对回归方程进行各种检验；其次在回归系数显著性检验不显著的一个或多个变量中，剔除 t 检验值最小的变量，并重新建立回归方程和进行各种检验；最后若新建回归方程中所有变量的回归系数检验显著，则回归方程建立结束，否则按照上述方法再依次剔除最不显著的变量，直到再也没有可剔除的变量为止。逐步筛选策略是前向筛选和后向筛选策略的综合。前向筛选策略是变量不断进入回归方程的过程，变量一旦进入回归方程就不会被剔除出去。随着变量的不断引入，由于解释变量之间存在一定程度的多重共线性，使得某些已进入回归方程的解释变量的回归系数不再显著，这样造成最终的回归方程可能包含一些不显著的解释变量。逐步筛选法是在前向筛选策略的基础上，结合后向筛选策略，在每个变量进入方程后再次判断是否存在可以剔除出方程的变量，即逐步筛选策略在引入变量的每一个阶段都考虑了再剔除不显著变量的机会。因此，建立在逐步筛选策略基础上的多元回归方法（简称逐步多元回归方法），不但能够很好地解决多重共线性问题，而且能够从多个解释变量中找出对被解释变量最具预测力的解释变量，以逐步建构起最佳的回归分析模型。采用这种逐步多元回归分析方法时，SPSS统计软件会根据显著性水平的高低逐步选择解释变量进行模型，被选入模型的解释变量对被解释变量的预测水平都会达到显著，而没有被选入模型的解释变量对被解释变量均没有显著影响。本研究拟选择逐步多元回归方法对以上三组变量进行回归分析。

5.4.1 跨国公司社会责任对跨国公司在华子公司竞争优势影响的回归分析

该回归分析旨在探寻跨国公司社会责任对跨国公司在华子公司竞争优势的直接影响情况。根据前述第3、第4章的理论分析,本研究以跨国公司社会责任的五个构成维度——经济责任、环境责任、法律责任、社会关系责任和慈善责任为自变量,以跨国公司在华子公司竞争优势为因变量,以公司规模和公司年限为控制变量,采用逐步多元回归方法构建回归模型,进而分析跨国公司社会责任对跨国公司在华子公司竞争优势的影响。回归分析的结果如表5-9所示。

需要说明的是,在通过 SPSS 统计软件进行回归分析时,还对各个回归模型中所有变量的容忍度(tolerance)和方差膨胀因子(VIF)进行了统计分析,其中最小的容忍度值为0.703(大于0.1),最大的 VIF 值为1.604(小于10),所以可以判断预测变量间基本不存在多重共线性问题[①]。

表5-9 跨国公司社会责任影响在华子公司竞争优势的回归分析结果

变量	因变量:跨国公司在华子公司竞争优势				
被选入自变量	模型1	模型2	模型3	模型4	模型5
经济责任	0.581** (8.407)	0.581** (9.231)	0.581** (10.006)	0.581** (11.238)	0.581** (12.762)
社会关系责任		0.561** (6.242)	0.561** (6.853)	0.561** (7.741)	0.561** (7.928)
环境责任			0.539** (6.672)	0.539** (7.031)	0.539** (7.869)
慈善责任				0.432** (6.153)	0.432** (6.694)

---

① 一般认为,容忍度值大于0.1,VIF值小于10时,可以基本排除多重共线性问题的存在(吴明隆,2010)。

续表

变量	因变量：跨国公司在华子公司竞争优势				
被选入自变量	模型1	模型2	模型3	模型4	模型5
法律责任					0.374 ** (5.329)
R^2	0.347	0.412	0.489	0.571	0.629
ΔR^2	0.169	0.117	0.201	0.137	0.101
Adjusted R^2	0.332	0.409	0.463	0.557	0.603
F	23.531 **	26.712 **	26.834 **	27.635 **	28.438 **
自变量 $Tolerance_{min} = 0.703$；$VIF_{MAX} = 1.604$					

注：** 表示在0.01水平上显著相关（双尾检验）；本研究报告了标准回归系数，括号内为t统计值。

从表5-9可以看出，在投入的控制变量（公司规模和公司年限）和自变量（跨国公司社会责任的经济责任、环境责任、法律责任、社会关系责任和慈善责任五个维度）中，控制变量并没有被SPSS选入模型，这说明样本中公司规模和公司年限对跨国公司在华子公司竞争优势的影响较小，可以忽略不计；而五个自变量都被选入了模型，选入顺序依次为经济责任、社会关系责任、环境责任、慈善责任和法律责任，而且标准化回归系数都为正，说明跨国公司社会责任的各个维度对跨国公司在华子公司竞争优势具有显著的正向影响，五个变量总共可以解释跨国公司在华子公司竞争优势60.3%的变异量。

总之，回归分析的结果验证了跨国公司社会责任对跨国公司在华子公司竞争优势具有显著的正向影响，跨国公司在华子公司履行社会责任，有利于其竞争优势的增强，从而本研究中的假设11得到支持。

5.4.2 跨国公司社会责任对跨国公司在华子公司网络影响的回归分析

该回归分析旨在探寻跨国公司社会责任对跨国公司在华子公司产生间接影响的可能途径。根据前述第3、第4章的理论分析，跨国公司社会责任具有网络效应，社会责任是通过影响跨国公司海外子公司东道国网络进而影响子公司竞争优势的，基于此，本研究以跨国公司社会责任的五个构成维度——经济责任、环境责任、法律责任、社会关系责任和慈善责任为自变量，以公司规模和公司年限为控制变量，分别以跨国公司在华子公司网络的结构特征（网络规模、网络异质性、网络中心度）和网络关系特征（关系强度和关系质量）为因变量，采用逐步多元回归方法构建回归模型，进而分析跨国公司社会责任对跨国公司在华子公司东道国网络的影响。

1. 跨国公司社会责任对在华子公司网络规模影响的回归分析

本研究以跨国公司社会责任的五个构成维度——经济责任、环境责任、法律责任、社会关系责任和慈善责任为自变量，以公司规模和公司年限为控制变量，以跨国公司在华子公司网络规模为因变量进行逐步回归分析，回归分析的结果如表 5-10 所示。

表 5-10 跨国公司社会责任影响在华子公司网络规模的回归分析结果

变量	因变量：跨国公司在华子公司网络规模			
被选入自变量	模型 1	模型 2	模型 3	模型 4
慈善责任	0.328 ** (3.486)	0.328 ** (3.631)	0.328 ** (4.006)	0.328 ** (3.838)
社会关系责任		0.319 ** (3.242)	0.319 ** (3.753)	0.319 ** (3.641)
经济责任			0.267 ** (3.491)	0.267 ** (3.557)
公司年限				0.119 * (2.254)
R^2	0.152	0.196	0.247	0.281
ΔR^2	0.152	0.148	0.141	0.136
Adjusted R^2	0.146	0.177	0.232	0.264
F	15.731 **	14.693 **	13.934 **	11.728 **
自变量 $Tolerance_{min} = 0.936$；$VIF_{MAX} = 1.068$				

注：** 表示在 0.01 水平上显著相关（双尾检验）；* 表示在 0.1 水平上显著相关（双尾检验）；本研究报告了标准回归系数，括号内为 t 统计值。

从表 5-10 中可以看出,作为跨国公司社会责任自变量的慈善责任、社会关系责任、经济责任三个维度变量被选入回归模型,而环境责任和法律责任两个维度没有被选入模型。被选入模型的慈善责任、社会关系责任、经济责任三个维度变量的标准化回归系数都为正,说明这三个变量对跨国公司在华子公司网络规模具有显著的正向影响,三个变量可以解释跨国公司在华子公司网络规模 23.2% 的变异量。控制变量中只有公司年限对跨国公司在华子公司网络规模具有显著的微弱影响。四个模型中最小的容忍度值为 0.936(大于 0.1),最大的 VIF 值为 1.068(小于 10),所以可以判断预测变量间基本不存在多重共线性问题。综合以上分析结果,我们可以得出结论,尽管跨国公司社会责任的环境责任和法律责任对跨国公司在华子公司网络规模的影响不显著,但结合前面相关分析中环境责任和法律责任与网络规模的正相关关系结论,考虑到慈善责任、社会关系责任和经济责任对跨国公司在华子公司网络规模显著的正向影响,这说明跨国公司社会责任的履行,还是在很大程度上有利于跨国公司在华子公司网络规模的扩大的,从而假设 1 得到部分支持。

2. 跨国公司社会责任对在华子公司网络异质性影响的回归分析

本研究以跨国公司社会责任的五个构成维度——经济责任、环境责任、法律责任、社会关系责任和慈善责任为自变量,以公司规模和公司年限为控制变量,以跨国公司在华子公司网络异质性为因变量进行逐步回归分析,回归分析的结果如表 5-11 所示。

表 5-11　跨国公司社会责任影响在华子公司网络异质性的回归分析结果

变量	因变量:跨国公司在华子公司网络异质性		
被选入自变量	模型 1	模型 2	模型 3
经济责任	0.316 ** (5.071)	0.316 ** (5.729)	0.309 ** (5.524)
环境责任		0.267 ** (3.281)	0.259 ** (3.006)

续表

变量	因变量：跨国公司在华子公司网络异质性		
被选入自变量	模型 1	模型 2	模型 3
公司年限			0.103 * (2.751)
R^2	0.132	0.207	0.247
ΔR^2	0.132	0.072	0.085
Adjusted R^2	0.127	0.198	0.236
F	23.752 **	20.644 **	19.931 **
自变量 $Tolerance_{min} = 0.939$；$VIF_{MAX} = 1.065$			

注：** 表示在 0.01 水平上显著相关（双尾检验）；* 表示在 0.1 水平上显著相关（双尾检验）；本研究报告了标准回归系数，括号内为 t 统计值。

由表 5-11 可以看出，在跨国公司社会责任的五个维度中，经济责任和环境责任两个维度作为自变量被选入回归模型，而且标准化回归系数都为正，说明经济责任和环境责任对跨国公司在华子公司网络异质性具有显著的正向影响，两个变量可以解释跨国公司在华子公司网络异质性 19.8% 的变异量。控制变量中公司年限被选入模型，但对网络异质性具有微弱的显著正向影响。三个模型中最小的容忍度值为 0.939（大于 0.1），最大的 VIF 值为 1.065（小于 10），所以可以判断预测变量间基本不存在多重共线性问题。综合以上分析结果，我们可以得出结论，尽管跨国公司社会责任的法律责任、社会关系责任和慈善责任对跨国公司在华子公司网络异质性的影响不显著，但结合前面相关分析中三者与网络异质性的正相关关系结论，考虑到经济责任和环境责任对跨国公司在华子公司网络异质性显著的正向影响，这说明跨国公司社会责任的履行，还是在很大程度上有利于跨国公司在华子公司网络异质性的提高的，从而假设 2 得到部分支持。

3. 跨国公司社会责任对在华子公司网络中心度影响的回归分析

本研究以跨国公司社会责任的五个构成维度——经济责任、环境责任、法律责任、社会关系责任和慈善责任为自变量，以公司规模和公司年限为控制变量，以跨国公司在华子公司网络中心度为因变量进行逐步回归分析，回归分析的结果如表 5-12 所示。

表 5-12　跨国公司社会责任影响在华子公司网络中心度的回归分析结果

变量	因变量：跨国公司在华子公司网络中心度					
被选入自变量	模型 1	模型 2	模型 3	模型 4	模型 5	模型 6
法律责任	0.384 ** (9.107)	0.384 ** (9.428)	0.384 ** (10.131)	0.384 ** (10.764)	0.384 ** (11.738)	0.376 ** (11.002)
环境责任		0.351 ** (7.294)	0.351 ** (7.838)	0.351 ** (8.215)	0.351 ** (8.746)	0.337 ** (7.991)
经济责任			0.329 ** (7.657)	0.329 ** (7.976)	0.329 ** (8.002)	0.289 ** (7.846)
慈善责任				0.276 ** (7.152)	0.276 ** (7.689)	0.262 ** (7.461)
社会关系责任					0.251 ** (6.993)	0.237 ** (6.614)
公司年限						0.017 * (3.872)
R^2	0.191	0.373	0.402	0.462	0.483	0.501
ΔR^2	0.291	0.095	0.117	0.101	0.116	0.128
Adjusted R^2	0.108	0.368	0.396	0.453	0.461	0.476
F	19.143 **	21.562 **	23.475 **	20.957 **	22.735 **	17.536 **
自变量 Tolerance$_{min}$ = 0.749；VIF$_{MAX}$ = 1.340						

注：** 表示在 0.01 水平上显著相关（双尾检验）；* 表示在 0.1 水平上显著相关（双尾检验）；本研究报告了标准回归系数，括号内为 t 统计值。

由表 5-12 可以看出，作为自变量的跨国公司社会责任的五个维度都被选入回归模型，被选入的顺序依次为法律责任、环境责任、经济责任、慈善责任和社会关系责任，而且标准化回归系数都为正，说明跨国公司社会责任的五个维度变量对跨国公司在华子公司网络中心度具有显著的正向影响，五个变量可以解释跨国公司在华子公司网络中心度 46.1% 的变量。控制变量中公司年限被选入模型，但对网络异质性具有微弱的显著正向影响。六个模型中最小的容忍度值为 0.749（大于 0.1），最大的 VIF 值为 1.340（小于 10），所以可以判断预测变量间基本不存在多重共线性问题。总之，回归分析的结果表明，跨国公司社会责任的五个维度均对跨国公司在华子公司网络中心度具有显著的正向影响，跨国公司在华子公司履行社会责任，有利于其网络中心度的提高，从而本研究中的假设3得到支持。

4. 跨国公司社会责任对在华子公司网络关系强度影响的回归分析

本研究以跨国公司社会责任的五个构成维度——经济责任、环境责任、法律责任、社会关系责任和慈善责任为自变量，以公司规模和公司年限为控制变量，以跨国公司在华子公司网络关系强度为因变量进行逐步回归分析，回归分析的结果如表5-13所示。

表5-13 跨国公司社会责任影响在华子公司网络关系强度的回归分析结果

变量	因变量：跨国公司在华子公司网络关系强度			
被选入自变量	模型1	模型2	模型3	模型4
经济责任	0.314** (6.486)	0.314** (6.731)	0.314** (7.012)	0.314** (7.938)
慈善责任		0.303** (5.143)	0.303** (5.953)	0.303** (6.271)
法律责任			0.297* (5.437)	0.297* (5.901)
环境责任				0.274** (5.254)
R^2	0.273	0.311	0.358	0.396
ΔR^2	0.273	0.151	0.106	0.108
Adjusted R^2	0.268	0.294	0.347	0.372
F	53.631**	54.391**	51.938**	48.756**
自变量 $Tolerance_{min} = 0.849$；$VIF_{MAX} = 1.181$				

注：** 表示在0.01水平上显著相关（双尾检验）；* 表示在0.05水平上显著相关（双尾检验）；本研究报告了标准回归系数，括号内为t统计值。

由表5-13可以看出，作为自变量的跨国公司社会责任的五个维度有四个被选入回归模型，即经济责任、慈善责任、法律责任和环境责任，而且标准化回归系数都为正，说明经济责任、慈善责任、法律责任和环境责任对跨国公司在华子公司网络关系强度具有显著的正向影响，这四个变量可以解释跨国公司在华子公司网络关系强度37.2%的变异量。控制变量没有被SPSS统计软件选入模型，表明公司规模和公司年限对跨国公司在华子公司网络关系强度的影响不显著。四个模型中最小的容忍度值为0.849（大于0.1），最大的VIF值为1.181（小于10），所以可以判断预测变量间基本不存在多重共线性问题。综合以上分析结果，我们可以得出结论，尽管跨国公司社会责任中的社会关系责任对跨国公司在华子公司网络关系强度的影响不显著，但结合前面相关分析中社会责任维度变量与网络关系强度正相关关系的结论，考虑到这里经济责任、慈善责任、法律责任和环境责任对跨国公司在华子公司网络关系强度显著的正向影响，这说明跨国公司在华子公司履行社会责任，还是在很大程度上有利于其与众多利益相关者强关系的建立和维持的，从而假设4得到部分支持。

5. 跨国公司社会责任对在华子公司网络关系质量影响的回归分析

本研究以跨国公司社会责任的五个构成维度——经济责任、环境责任、法律责任、社会关系责任和慈善责任为自变量，以公司规模和公司年限为控制变量，以跨国公司在华子公司网络关系质量为因变量进行逐步回归分析，回归分析的结果如表5-14所示。

表5-14　跨国公司社会责任影响在华子公司网络关系质量的回归分析结果

变量	因变量：跨国公司在华子公司网络关系质量			
被选入自变量	模型1	模型2	模型3	模型4
社会关系责任	0.362* (5.386)	0.362* (5.791)	0.362* (6.106)	0.362* (6.531)
法律责任		0.345* (5.143)	0.345* (5.754)	0.345* (6.247)
环境责任			0.331** (4.989)	0.331** (5.617)
经济责任				0.308** (3.874)

续表

变量	因变量：跨国公司在华子公司网络关系质量			
被选入自变量	模型1	模型2	模型3	模型4
R^2	0.246	0.293	0.322	0.361
ΔR^2	0.246	0.101	0.114	0.109
Adjusted R^2	0.217	0.286	0.309	0.354
F	47.631**	41.690**	43.194**	46.009**
自变量 $Tolerance_{min} = 0.871$；$VIF_{MAX} = 1.153$				

注：** 表示在0.01水平上显著相关（双尾检验）；* 表示在0.05水平上显著相关（双尾检验）；本研究报告了标准回归系数，括号内为t统计值。

由表5-14可以看出，作为自变量的跨国公司社会责任的五个维度有四个被选入回归模型，即社会关系责任、法律责任、环境责任和经济责任，而且标准化回归系数都为正，说明社会关系责任、法律责任、环境责任和经济责任对跨国公司在华子公司网络关系质量具有显著的正向影响，这四个变量可以解释跨国公司在华子公司网络关系质量35.4%的变异量。控制变量没有被SPSS统计软件选入模型，表明公司规模和公司年限对跨国公司在华子公司网络关系质量的影响不显著。四个模型中最小的容忍度值为0.871（大于0.1），最大的VIF值为1.153（小于10），所以可以判断预测变量间基本不存在多重共线性问题。综合以上分析结果，我们可以得出结论，尽管跨国公司社会责任中的慈善责任维度变量对跨国公司在华子公司网络关系质量的影响不显著，但结合前面相关分析中慈善责任维度变量与网络关系质量正相关关系的结论，考虑到这里社会关系责任、法律责任、环境责任和经济责任对跨国公司在华子公司网络关系质量显著的正向影响，这说明跨国公司在华子公司履行社会责任，还是在很大程度上有利于其与众多利益相关者关系质量的提高的，从而假设5得到部分支持。

5.4.3 跨国公司在华子公司网络对在华子公司竞争优势影响的回归分析

上述跨国公司社会责任对跨国公司在华子公司网络的回归分析揭示

了前者对后者的作用机制，提供了跨国公司社会责任对跨国公司在华子公司竞争优势产生间接影响的可能途径，而进一步对跨国公司在华子公司网络与在华子公司竞争优势的关系进行回归分析，则有利于确定跨国公司社会责任影响在华子公司竞争优势的具体中间途径。因此，结合第3、第4章的理论分析中跨国公司在华子公司网络与其竞争优势的关系，本研究以跨国公司在华子公司网络特征的五个表征变量（网络规模、网络异质性、网络中心度、网络关系强度和网络关系质量）为自变量，在华子公司竞争优势为因变量，以公司规模和公司年限为控制变量，采用逐步多元回归方法构建回归模型，进而分析跨国公司在华子公司网络对在华子公司竞争优势的影响，回归分析的结果如表 5-15 所示。

表 5-15　　在华子公司网络影响在华子公司竞争优势的回归分析结果

变量	因变量：跨国公司在华子公司竞争优势			
被选入自变量	模型 1	模型 2	模型 3	模型 4
网络异质性	0.526 ** (7.963)	0.526 ** (8.534)	0.487 ** (8.002)	0.412 ** (6.103)
网络中心度		0.427 ** (7.164)	0.402 ** (6.954)	0.393 ** (3.951)
关系质量			0.337 ** (4.279)	0.369 ** (4.279)
关系强度				0.312 ** (4.925)
R^2	0.305	0.416	0.479	0.559
ΔR^2	0.305	0.127	0.024	0.065
Adjusted R^2	0.301	0.402	0.468	0.538
F	69.729 **	63.990 **	59.192 **	56.207 **
自变量 $Tolerance_{min} = 0.689$；$VIF_{MAX} = 1.451$				

注：** 表示在 0.01 水平上显著相关（双尾检验）；本研究报告了标准回归系数，括号内为 t 统计值。

由表 5-15 可以看出，自变量中有四个被 SPSS 统计软件选入回归模型，依次为网络异质性、网络中心度、网络关系质量、网络关系强度，而且标准化回归系数都为正，说明这四个变量对跨国公司在华子公司竞争优势具有显著的正向影响，四个变量可以解释跨国公司在华子公司竞争优势 53.8% 的变异量。没有控制变量被选入回归模型，说明样本企业中公司规模、公司年限对跨国公司在华子公司竞争优势的影响不显著。四个模型中最小的容忍度值为 0.689（大于 0.1），最大的 VIF 值为 1.451（小于 10），所以可以判断预测变量间基本不存在多重共线性问题。

回归分析的结果显示，跨国公司在华子公司网络的异质性、中心度、网络关系质量和关系强度对在华子公司竞争优势具有显著的正向影响。换言之，跨国公司在华子公司网络的异质性越高，越有利于子公司竞争优势的增强；跨国公司在华子公司网络的中心度越高，越有利于子公司竞争优势的增强；跨国公司在华子公司网络的关系强度越高，越有利于子公司竞争优势的增强；跨国公司在华子公司网络的关系质量越高，越有利于子公司竞争优势的增强。从而，本研究中假设 7、8、9、10 得到支持。同时，结合前面的回归分析，我们能够判断表征跨国公司在华子公司网络特征的网络异质性、中心度、网络关系质量、网络关系强度这四个变量也是跨国公司社会责任影响在华子公司竞争优势的中间变量。与理论探讨时得到的假设不同，跨国公司在华子公司网络规模对在华子公司竞争优势的正向影响并没有得到验证，假设 6 没有得到支持。

汇总统计分析结果，本研究提出的全部假设及其支持情况，如表 5-16 所示。

表 5-16　　　　　　本研究提出的全部假设及其支持情况

研究假设	支持情况
H1：跨国公司在华子公司履行社会责任，有利于其网络规模的扩大	部分支持
H2：跨国公司在华子公司履行社会责任，有利于其网络异质性的提高	部分支持
H3：跨国公司在华子公司履行社会责任，有利于其网络中心度的提高	支持
H4：跨国公司在华子公司履行社会责任，有利于其与众多利益相关者强关系的建立和维持	部分支持
H5：跨国公司在华子公司履行社会责任，有利于其与众多利益相关者关系质量的提高	部分支持

续表

研究假设	支持情况
H6：跨国公司在华子公司网络的规模越大，越有利于子公司竞争优势的增强	不支持
H7：跨国公司在华子公司网络的异质性越高，越有利于子公司竞争优势的增强	支持
H8：跨国公司在华子公司网络的中心度越高，越有利于子公司竞争优势的增强	支持
H9：跨国公司在华子公司网络的关系强度越高，越有利于子公司竞争优势的增强	支持
H10：跨国公司在华子公司网络的关系质量越高，越有利于子公司竞争优势的增强	支持
H11：跨国公司在华子公司履行社会责任，有利于其竞争优势的增强	支持

5.5　概念模型修正

通过对跨国公司社会责任与跨国公司在华子公司竞争优势、跨国公司社会责任与跨国公司在华子公司网络、跨国公司在华子公司网络与其竞争优势的三组变量间的回归分析，跨国公司社会责任影响跨国公司在华子公司竞争优势的作用机制越来越明晰：一方面，跨国公司社会责任直接影响跨国公司在华子公司竞争优势；另一方面，跨国公司社会责任通过影响跨国公司在华子公司网络对在华子公司竞争优势产生间接影响。由于跨国公司社会责任对跨国公司在华子公司竞争优势能产生直接的影响，所以跨国公司在华子公司网络在跨国公司社会责任影响在华子公司竞争优势的过程中只是起到了部分的中介作用，这也验证了本研究在前述概念模型构建阶段的理论分析结果。从前面的回归分析可知，跨国公司社会责任的各个维度变量对在华子公司网络的不同维度变量的影响存在着差异，因此，概念模型有进一步修改和完善的必要，一方面，跨国公司社会责任应从五个维度方面展开，不能一概而论；另一方面，需要对跨国公司在华子公司网络的各个表征变量的中介作用进行具体分析。对于前者，根据上述的回归分析结果，在此无须赘言。下面重点分析后者。

5.5.1 跨国公司在华子公司网络的中介作用分析

在存在中间变量的自变量与因变量关系分析中，中间变量若发挥中介作用，其前提是自变量对因变量、自变量对中间变量、中间变量对因变量均存在显著影响。根据上述相关和回归分析结果，跨国公司在华子公司网络异质性、网络中心度、网络关系强度和网络关系质量符合此要求（见表5-17），因此在跨国公司社会责任影响在华子公司竞争优势的过程中起到了部分的中介作用。值得注意的是，由于在跨国公司在华子公司网络各个维度变量与在华子公司竞争优势的回归分析中，网络规模没有被选入回归模型，即不存在对在华子公司竞争优势的显著影响，因此网络规模不能成为跨国公司社会责任影响在华子公司竞争优势的中间变量。

表5-17　　　　　　　　相关回归结果中的显著变量

因变量	最优回归模型中被选入的变量
跨国公司在华子公司竞争优势	经济责任、环境责任、法律责任、社会关系责任、慈善责任、网络异质性、网络中心度、网络关系强度、网络关系质量
在华子公司网络异质性	经济责任、环境责任
在华子公司网络中心度	经济责任、环境责任、法律责任、社会关系责任、慈善责任
在华子公司网络关系强度	经济责任、环境责任、法律责任、慈善责任
在华子公司网络关系质量	经济责任、环境责任、法律责任、社会关系责任

在符合上述前提的条件下，将作为中间变量的跨国公司在华子公司网络异质性、网络中心度、网络关系强度和网络关系质量与作为自变量的跨国公司社会责任各个维度变量同时纳入对因变量分析的回归模型，若此时自变量对因变量影响的显著程度降低（标准化回归系数值降低），而模型的拟合度（Adjusted R^2）上升，则说明自变量对因变量的影响在一定程度上是通过中间变量实现的。据此，本研究进行了跨国公司在华子公司网络变量部分中介作用的回归分析，结果如表5-18所示。

表 5-18　　跨国公司在华子公司网络变量部分中介作用的回归分析结果

描述	变量	Beta 值	Adjusted R^2	Tolerance	VIF
初始状态 1	经济责任	0.581**	0.603	0.703	1.604
	社会关系责任	0.561**		0.703	1.604
	环境责任	0.539**		0.703	1.604
	慈善责任	0.432**		0.703	1.604
	法律责任	0.374**		0.703	1.604
加入网络中心度	经济责任	0.551**	0.639	0.691	1.447
	社会关系责任	0.538**		0.674	1.483
	网络中心度	0.117**		0.579	1.727
	环境责任	0.497**		0.596	1.677
	慈善责任	0.389**		0.684	1.461
	法律责任	0.326**		0.679	1.472
初始状态 2	经济责任	0.581**	0.422	1.000	1.000
	环境责任	0.539**		1.000	1.000
加入网络异质性	网络异质性	0.437**	0.514	0.872	1.146
	经济责任	0.426**		0.983	1.017
	环境责任	0.399**		0.887	1.127
初始状态 3	经济责任	0.581**	0.523	0.996	1.004
	环境责任	0.539**		0.983	1.017
	慈善责任	0.432**		0.947	1.056
	法律责任	0.374**		0.876	1.141
加入网络关系强度	经济责任	0.564**	0.571	0.837	1.194
	环境责任	0.506**		0.812	1.231
	关系强度	0.351**		0.694	1.441
	慈善责任	0.409**		0.825	1.212
	法律责任	0.326**		0.773	1.293

续表

描述	变量	Beta 值	Adjusted R^2	Tolerance	VIF
初始状态 4	经济责任	0.581**	0.537	0.929	1.076
	社会关系责任	0.561**		0.903	1.107
	环境责任	0.539**		0.879	1.137
	法律责任	0.374**		0.841	1.189
加入网络关系质量	经济责任	0.537**	0.581	0.871	1.148
	关系质量	0.361**		0.593	1.686
	社会关系责任	0.521**		0.826	1.211
	环境责任	0.496**		0.796	1.256
	法律责任	0.307**		0.768	1.302

注：** 表示在 0.01 水平上显著相关（双尾检验）；Beta 值为标准化回归系数值；本研究的因变量为跨国公司在华子公司竞争优势。

由表 5-18 可以看出：（1）在加入跨国公司在华子公司网络中心度之后，跨国公司社会责任的经济责任、社会关系责任、环境责任、慈善责任和法律责任维度变量的标准化回归系数值都有明显的下降，而模型整体的拟合度（Adjusted R^2）则有所上升，这符合上述中间变量的判断标准，说明跨国公司在华子公司网络中心度在跨国公司社会责任影响在华子公司竞争优势的过程中发挥了部分中介作用。（2）在加入跨国公司在华子公司网络异质性之后，跨国公司社会责任的经济责任和环境责任两个维度变量的标准化回归系数值有较大程度的下降，而模型整体的拟合度（Adjusted R^2）则有较大幅度的提高，这符合上述中间变量的判断标准，说明跨国公司在华子公司网络异质性在跨国公司社会责任的经济责任和环境责任两个维度变量影响在华子公司竞争优势过程中发挥了部分中介作用。同时，需要说明的是，由于在进行跨国公司社会责任与在华子公司网络异质性的回归分析过程中，跨国公司社会责任的法律责任、社会关系责任和慈善责任三个维度变量并没有被选入回归模型，表明这三个维度变量对网络异质性没有显著影响，因此网络异质性也就不可能成为这三个维度变量影响在华子公司竞争优势的中间变量。（3）在加入跨国公司在华子公司网络关系强度之后，跨国公司社会责任的经济责任、环境责任、慈善责任和法律责任这四个维度变量的标准化回归系数值都有一定程度的下降，而模型整体的拟合度（Adjusted R^2）则有明显的提高，这符合上述中间变量的判断标准，说明跨国公司在华子公司网络关系强度在跨国公司社会责任的经济责任、环境责任、慈善责任和法律责任这四个维度变量影响在华子公司竞争优势过程中发挥了部分中介作用。同时，需要说明的是，由于在进行跨国公司社会责任与在华子公司网络关系强度的回归分析过程中，跨国公司社会责任的社会关系责任维度变量并没有被选入回归模型，表明该维度变量对网络关系强度没有显著影响，因此网络关系强度也就不可能成为社会关系责任维度变量影响在华子公司竞争优势的中间变量。（4）在加入跨国公司在华子公司网络关系质量之后，跨国公司社会责任的经济责任、社会关系责任、环境责任和法律责任这四个维度变量的标准化回归系数值都有一定程度的下降，而模型整体的拟合度（Adjusted R^2）则有明显的提高，这符合上述中间变量的判断标准，说明跨国公司在华子公司网络关系质量在跨国公司社会责任的经济责任、社会关系责任、环境责任和法律责任这四个维度变量影响在华子公司竞争优势过程中发挥了部分中介作用。同时，需要说明的是，由于在进行跨国公司社会责任与在华子公司网络关系质量的回归分析过程中，跨国公司社会责任的慈善责任维度变量并没有被选入回归模型，表明该维度变量对网络关系质量没有显著影响，因此网络关系质量也就不可能成为慈善责任维度变量影响在华子公司竞争优势的中间变量。在上述所有的回归分析中，容忍度和 VIF 值都在合理的范围之内，所以可以判断不存在多重共线性问题。

综上所述，在跨国公司社会责任影响在华子公司竞争优势的过程中，跨国公司在华子公司网络的两个结构特征即网络中心度和网络异质性，以及两个关系特征即网络关系强度和网络关系质量发挥了部分的中介作用。并且，跨国公司社会责任各个维度变量影响在华子公司竞争优势的中间变量存在一定差异，表现在：（1）跨国公司社会责任的经济责任和环境责任维度变量主要通过影响在华子公司网络中心度、网络异质性、网络关系强度和网络关系质量对在华子公司竞争优势产生间接影响。（2）跨国公司社会责任的法律责任维度变量主要通过影响在华子公司网络中心度、网络关系强度和网络关系质量对在华子公司竞争优势产生间接影响。（3）跨国公司社会责任的社会关系责任维度变量主要通过影响在华子公司网络中心度和网络关系质量对在华子公司竞争优势产生间接影响。(4) 跨国公司社会责任的慈善责任维度变量主要通过影响在华子公司网络中心度和网络关系强度对在华子公司竞争优势产生间接影响。

5.5.2 模型修正

根据上述实证分析的结果和假设检验情况，有必要对本研究的理论概念模型进行符合实际的调整。调整后的模型（见图5-1）与原模型相比，一是跨国公司社会责任通过五种维度进行了分解，二是各个变量间的关系更加清楚，从而使跨国公司社会责任影响在华子公司竞争优势的机制更加明晰。

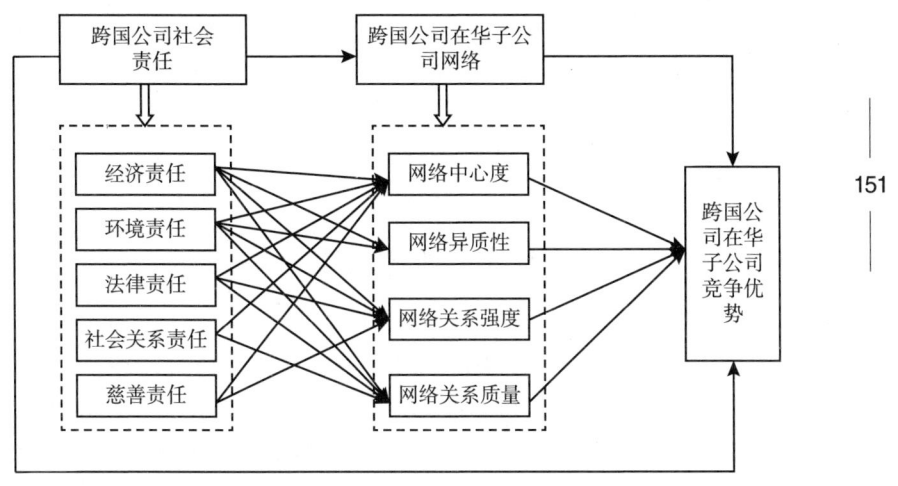

图5-1 跨国公司社会责任影响在华子公司竞争优势的概念模型修正

如图5-1所示，与前面理论探讨的结论一致，跨国公司社会责任对在华子公司竞争优势的影响路径有两种：一是直接影响，即跨国公司社会责任直接影响在华子公司竞争优势，包括经济责任、环境责任、法律责任、社会关系责任和环境责任五个构成维度对在华子公司竞争优势的显著正向影响；二是间接影响，即跨国公司社会责任通过影响在华子公司网络不同维度变量间接作用于在华子公司竞争优势，包括经济责任和环境责任维度变量通过影响在华子公司网络中心度、网络异质性、网络关系强度和网络关系质量间接作用于在华子公司竞争优势，法律责任维度变量通过影响在华子公司网络中心度、网络关系强度和网络关系质量间接作用于在华子公司竞争优势，社会关系责任维度变量通过影响在华子公司网络中心度和网络关系质量间接作用于在华子公司竞争优势，慈善责任维度变量通过影响在华子公司网络中心度和网络关系强度间接作用于在华子公司竞争优势。间接影响路径的存在表明跨国公司在华子公司网络特征在跨国公司社会责任影响在华子公司竞争优势的过程中起到了部分的中介作用，同时也在很大程度上验证了跨国公司社会责任所具有的网络效应以及社会责任导向的跨国公司海外子公司竞争优势形成路径具有的非单一性。

此外，值得一提的是，尽管在上述的实证研究中，跨国公司社会责任的经济责任、社会关系责任和慈善责任三个维度变量对在华子公司网络规模的显著正向影响得到了验证，但由于网络规模对在华子公司竞争优势的正向影响不显著，没有得到验证，所以网络规模就不能成为跨国公司社会责任影响在华子公司竞争优势的中间变量，结果在修正的概念模型中跨国公司在华子公司网络规模这一变量没有出现。

5.6 本章小结

本章对跨国公司社会责任影响跨国公司在华子公司竞争优势的机制和路径进行了实证分析，以验证第4章在理论分析基础上得到的概念模型。运用SPSS统计软件，本章对回收的123份有效问卷分别进行了描述性统计分析、样本信度和效度检验、样本变量间的相关分析和多元回归分析，分析结果显示跨国公司社会责任的五个维度变量（经济责任、环境责任、法律责任、社会关系责任和慈善责任）对跨国公司在华子公司竞争优势具有显著的正向影响，跨国公司在华子公司履行社会责任，有利于其竞争优势的增强。而跨国公司在华子公司网络中心度、网络异质性、网络关系强度和网络关系质量在该过程中发挥了部分的中介作用。根据实证分析的结果，本章对概念模型进行了修正，使跨国公司社会责任影响在华子公司竞争优势的机制和路径更加清晰，变量间的关系更加清楚。

第6章 研究结论及未来展望

6.1 主要研究结论与启示

6.1.1 主要研究结论

1. 跨国公司社会责任具有网络效应

跨国公司在华子公司社会责任的履行能在很大程度上影响在华子公司网络的结构特征(网络规模、网络异质性、网络中心度)和关系特征(网络关系强度和关系质量)。跨国公司在华子公司履行社会责任,有利于其网络规模的扩大以及网络异质性和网络中心度的提高,有利于在华子公司与众多利益相关者强关系的建立和维持以及关系质量的提高。跨国公司在华子公司社会责任具体体现为经济责任、环境责任、法律责任、社会关系责任和慈善责任五个维度,而且不同维度在影响在华子公司网络方面存在一定的差异:跨国公司在华子公司社会责任的经济责任、社会关系责任、慈善责任维度对在华子公司网络规模具有显著的正向影响,经济责任和环境责任维度对在华子公司网络异质性具有显著的正向影响,经济责任、环境责任、法律责任、社会关系责任和慈善责任维度对在华子公司网络中心度具有显著的正向影响,经济责任、环境责任、法律责任和慈善责任维度对在华子公司网络关系强度具有显著的正向影响,经济责任、环境责任、法律责任和社会关系责任维度对在华子公司网络关系质量具有显著的正向影响。

2. 跨国公司社会责任对在华子公司竞争优势具有显著的正向影响

跨国公司在华子公司履行社会责任，有利于其竞争优势的增强。一方面，跨国公司在华子公司社会责任的五个维度即经济责任、环境责任、法律责任、社会关系责任和慈善责任对在华子公司竞争优势均有直接的显著正向影响；另一方面，跨国公司社会责任通过影响在华子公司网络的中心度、异质性、关系强度和关系质量，对在华子公司竞争优势产生间接的显著正向影响。这表明社会责任影响跨国公司在华子公司的路径具有非单一性的特点。

3. 跨国公司在华子公司网络的结构特征和关系特征影响在华子公司竞争优势

跨国公司在华子公司网络的中心度、异质性、网络关系强度和关系质量对在华子公司竞争优势具有显著的正向影响，跨国公司在华子公司网络的中心度越高，越有利于子公司竞争优势的增强；跨国公司在华子公司网络的异质性越明显，越有利于子公司竞争优势的增强；跨国公司在华子公司网络的关系强度和关系质量越高，越有利于子公司竞争优势的增强。

4. 跨国公司在华子公司网络的结构特征和关系特征起到了部分的中介作用，并存在着差异

在跨国公司社会责任影响在华子公司竞争优势的过程中，跨国公司在华子公司网络的结构特征和关系特征起到了部分的中介作用，而且不同特征的中介作用的发挥存在着一定的差异。由于跨国公司在华子公司社会责任的五个维度对在华子公司竞争优势都有直接的显著正向影响，因此在华子公司网络特征在跨国公司社会责任影响在华子公司竞争优势的过程中只是发挥了部分的中介作用。具体而言，在该过程中，在华子公司网络的两个结构特征即网络中心度和网络异质性以及两个关系特征即网络关系强度和网络关系质量发挥了部分的中介作用，而且在华子公司社会责任各个维度影响在华子公司竞争优势的中间变量存在着一定差异，表现在以下方面：在华子公司社会责任的经济责任和环境责任维度主要通过影响在华子公司网络中心度、网络异质性、网络关系强度和网

络关系质量对在华子公司竞争优势产生间接影响；在华子公司社会责任的法律责任维度主要通过影响在华子公司网络中心度、网络关系强度和网络关系质量对在华子公司竞争优势产生间接影响；在华子公司社会责任的社会关系责任维度主要通过影响在华子公司网络中心度和网络关系质量对在华子公司竞争优势产生间接影响；在华子公司社会责任的慈善责任维度主要通过影响在华子公司网络中心度和网络关系强度对在华子公司竞争优势产生间接影响。

6.1.2 实践启示

1. 对于跨国公司在华子公司的启示

对于跨国公司在华子公司而言，必须从培育竞争优势的视觉出发高度重视在华企业社会责任的履行问题。随着我国构建新发展格局的逐步推进，中国的市场规模优势、市场成长性优势、产业发展综合优势、创新综合优势会越来越显著，会导致越来越多的外商投资企业投资中国市场，跨国公司争夺中国市场的竞争会愈演愈烈，其相互之间以及其与中国本土企业竞争的核心已逐步从过去的硬件方面升级为企业理念、价值、战略等软件方面。面对日趋激烈的竞争形势，跨国公司需要另辟蹊径获取独特的竞争优势，才能成功获取并维持其在华市场份额。本研究的理论分析和实证研究都显示出跨国公司社会责任对在华子公司竞争优势具有显著的正向影响，这表明企业社会责任是在华子公司竞争优势的一个主要因素，在企业社会责任领域挖掘竞争优势可成为跨国公司在华子公司竞争的一个重要角逐点。从近些年的情况来看，尽管企业社会责任已逐渐成为在华优秀跨国公司经营活动的基石，成为其在华推行本土化价值观和本土化战略的要素之一，但仍有一些跨国公司以"适应中国市场特点做出的调整"为借口，不履行或不完全履行其在中国市场的社会责任，这不仅损害了其众多的利益相关者，而且也使自己的利益受到严重损害。因此，出于在中国可持续发展的考虑，跨国公司必须高度重视在华企业社会责任的履行问题。跨国公司在华履行企业社会责任时应认识到，不能就责任而论责任，应带着一种战略思维来诠释企业社会责任，找到企业社会责任与企业战略的契合点，将企业社会责任作为企业长远发展战略的一部分。对于将企业社会责任与企业战略相结合的跨国公司来说，其履行企业社会责任的过程就是从内外环境出发，找到各种有利于打造企业竞争优势的社会、环境问题，并主动或协助利益相关者解决这些问题，从而最终提升企业竞争力的过程，即从培育竞争优势的视觉出发高度重视在华企业社会责任的履行问题。

2. 对于中国跨国经营企业的启示

对于中国跨国经营企业而言，要注意增强企业社会责任意识和理念，加强企业社会责任建设，积极主动履行海外企业社会责任。随着我国高水平对外开放步伐的进一步加快和"走出去"战略的持续实施，中国越来越多的企业走出国门，开展跨国经营，并且相当一批企业已经发展壮大为跨国公司。但是，与西方企业相对成熟的商业体系相比，中国的跨国经营企业和跨国公司无论在企业社会责任意识还是在企业社会责任实践方面都存在着一定差距。根据中国社会科学院企业社会责任研究中心发布的《中资企业海外社会责任研究报告》[①]，中资企业海外社会责任发展指数为 25.67 分，整体处于"起步者"阶段。具体看，有 7% 企业的海外社会责任指数超过 80 分，处于"卓越者"阶段；8% 企业的海外社会责任指数在 60~80 分之间，处于"领先者"阶段；9% 企业的海外社会责任指数在 40~60 分之间，处于"追赶者"阶段；16% 企业的海外社会责任指数在 20~40 分之间，处于"起步者"阶段；海外社会责任指数低于 20 分，处于"旁观者"阶段的企业数量最多，占 60%，其中 26% 的海外社会责任发展指数得分为 0，未主动披露任何海外社会责任信息。一方面这反映出海外企业社会责任理念未能在"走出去"的中资企业中形成广泛的传播和认同，多数企业并没有将海外企业社会责任纳入日常工作和经营管理，这在很大程度上限制了它们的企业社会责任实践；另一方面也反映出中资企业未能建立有效全面的海外企业社会责任管理和信息披露机制，信息披露不及时、不主动，与利益相关方缺乏及时有效的沟通。根据上一章的分析，既然企业社会责任对跨国公司在华子公司竞争优势有着积极的影响，成为公司竞争优势的重要因素之一，那么对我国跨国经营企业的启示就是：企业必须树立正确的

---

① 钟宏武等：《企业社会责任蓝皮书：中资企业海外社会责任研究报告（2016~2017）》，社会科学文献出版社 2017 年版。

企业社会责任观，增强企业社会责任意识。中国跨国经营企业要认识到，从短期来看，企业履行社会责任需要付出成本，会一定程度地减少当期利润，但从长远来看，企业为此付出的成本可以看作企业在战略上的投资，企业社会责任体现了一种管理理念和思维，它是企业文化的一部分，是企业的一种软竞争力，企业履行社会责任，既是对社会负责，更是对自己负责，它有利于自身的长远发展和竞争优势的培育和增强。在此基础上，中国跨国经营企业还要加强企业社会责任制度建设，这主要包括企业高层必须高度重视社会责任管理，并将企业社会责任理念作为企业文化的一个组成部分而体现在公司愿景和价值当中，参照国际标准建立符合我国国情的企业社会责任标准，设置专门的企业社会责任管理职能机构，建立企业社会责任报告制度以及将企业社会责任管理延伸到价值链上等方面。

6.2 研究不足及未来展望

由于研究能力和资料搜集的限制，本研究仍存在诸多不足之处，需要在后续研究之中予以关注。

6.2.1 样本方面

尽管本研究花费大量精力进行了问卷调查，获得的有效问卷数量基本满足了研究要求，但研究仍非真正意义上的大样本研究。囿于时间、人力、数据的可获得性等因素，研究样本的调查范围仅限于北京、上海、天津、山东等地区，而且以山东的居多，未能涉及其他经济发达地区和经济发展相对落后的中西部地区，因此收集的数据带有一定的区域特征，对于研究结论的普及和推广具有一定的制约作用。而且，研究样本主要通过便利抽样而非随机抽样方法，虽然样本涉及较多行业和不同年限、不同规模的跨国公司在华子公司，但样本的代表性和说服力仍受到一定的限制。未来研究需要对样本问题进行改进，使抽样方法更加科学，样本涵盖的地域应当更广，样本的数量应进一步扩大，这样得出的结论会更有说服力和普及性。

6.2.2 变量的测量方面

虽然企业社会责任和企业竞争优势的定量研究文献很多，出现了一些较为成熟的测量量表，但是涉及跨国公司在华子公司企业社会责任和竞争优势的定量研究相对较少，围绕跨国公司在华子公司企业社会责任和竞争优势的测量量表还很不成熟。尽管本研究开发的跨国公司在华子公司社会责任和竞争优势量表是在文献整理、学术界和企业界访谈的基础上提出的，并且遵循了严格的量表开发过程，通过了信度和效度检验，但是仍然存在着测度指标不够完善、变量测度指标的推广性不强等局限。另外，调查问卷中，问卷的大部分题项采用李克特五级量表，由被访者打分，这种方法具有较大的主观性，尽管其信度和效度通过了检验，但其准确性仍有待提高，若能结合客观数据进行评估将有助于提高研究的质量。未来研究应当根据跨国公司的特殊性和结合其在中国经营的实践完善测度量表设计。

6.2.3 中介变量研究方面

在跨国公司社会责任对在华子公司竞争优势的间接影响中，跨国公司在华子公司网络发挥了中介作用，在一定程度上体现出社会责任导向的跨国公司在华子公司竞争优势形成路径的非单一性特征。但根据现有的研究，企业社会责任与竞争优势的中介变量可能不仅仅是企业网络，由于企业社会责任所具有的学习效应和创新效应而导致后者都有可能起到中介的作用。例如，在企业社会责任所具有的学习效应研究方面，夏尔玛和弗雷登堡（Sharma & Vredenburg, 1998）认为，企业战略性地履行环境责任能导致企业高阶学习（high-order）能力的产生。西蒙·扎德克（Simon Zadek, 2004）通过案例研究得出结论，公司在履行企业社会责任、形成企业社会责任感的过程中，包含了公司的组织学习和社会学习两种模式。让·帕斯卡·贡德和奥利维尔·赫尔巴赫（Jean Pascal Gond & Olivier Herrbach, 2006）指出，企业社会责任包含了公司社会性适应过程（corporate social adaptation process）和公司社会性学习过程（corporate social learning process）两种社会责任学习过程。西尔维亚·麦克斯菲尔德（Sylvia Maxfield，2008）指出，企业社会责任体现了企业的一种社会参与，而社会参与是有利于企业学习和适应的。斯泰克等（Strike et al.，2006）认为，跨国公司社会责任使其获得在东道国更大的学习机会。在企业社会责任所具有的创新效应方面，麦克威廉姆斯和西格尔（McWilliams & Siegel，2000）指出，企业社会责任与研发（R&D）呈正相关关系，因为企业社会责任许多方面能导致产品（或服务）创新或生产过程创新，或同时产生产品（或服务）创新和生产过程创新。麦格雷戈和弗特多纳（MacGregor & Fontrodona）发现，企业为了履行社会责任会注重考虑与环境相关的问题，在设计产品时会考虑无障碍设计，还会考虑到老年人和残疾人的需求等，这些过程就促进了企业在产品和服务上的不断创新[1]。而且，开放式创新（open innovation）现象的核心就涉及利益相关者的问题，从而说明了企业社会责任的履行有助于企业进行创新活动[2]。因此，未来研究可以关注更多的中介因素的影响作用。

---

[1][2] MacGregor S, Fontrodona J., Exploring the Fit between CSR and Innovation. IESE Working Paper, No. MP-759, 2008.

附录

附录1：访谈提纲

1. 谈谈您对跨国公司社会责任的理解。
2. 您认为跨国公司在中国应当承担哪些社会责任？
3. 针对下列不同的责任对象，跨国公司应该做哪些事情？

股东、管理者、员工、客户（消费者）、政府、竞争者、供应商、经销商、非营利组织、社区、自然环境

4. 根据您的了解，跨国公司在中国和其母国承担的企业社会责任有何不同？
5. 根据您的了解，跨国公司在华子公司和中国企业承担的企业社会责任有何不同？
6. 贵公司在中国履行企业社会责任的实践过程中，一般与哪些重要的组织或机构进行过交流和合作？双方能否经常保持联系？
7. 根据您的理解，这些组织或机构与贵公司进行交流和合作的具体动因是什么？或者说，贵公司的哪些因素促使这些组织或机构与贵公司进行交流和合作？
8. 根据您的理解，这种交流和合作能否影响贵公司和对方的发展？为什么？
9. 您是如何理解跨国公司在华子公司竞争优势的？
10. 贵公司是如何衡量企业竞争优势的？贵公司的竞争优势怎样？
11. 您认为履行社会责任会对公司竞争优势产生什么影响？

附录2：调查问卷

尊敬的先生/女士：

您好！非常感谢您在百忙之中抽出宝贵的时间和精力完成笔者的这份问卷调查！

本问卷旨在探究企业社会责任与跨国公司在华子公司竞争优势关系的问题。本研究的结果将有助于学术发展以及实践上的应用，如果没有您的协助，此研究将无法顺利完成。所以，您的支持与参与对本项研究至关重要！

由于资料的完整性和正确性对于研究的结论有重要影响，请您务必仔细阅读每一项问题。本次问卷调查不是测验，答案也没有对错之分，只要依您个人的真实想法回答即可，请您不要漏过任何题项，若有某个问题未能完全表达您的意见时，请勾选最接近您看法的答案。

一、公司基本情况

1. 贵公司的名称：_____
2. 贵公司母公司所属国家或地区：
□美国　　□欧盟　　□日本　　□韩国　　□港澳台地区
□其他：_____
3. 贵公司的股权性质：
□外方独资子公司
□中外合资子公司，外方控股比例大于50%
□中外合资子公司，外方控股比例小于50%
4. 贵公司所在地区：_____省（市、自治区）_____城市（区/县）
5. 贵公司所属行业部门：
□传统制造业　　□信息产业　　□金融保险业　　□零售商业
□贸易批发业　　□化工业　　　□医药业　　　　□采矿业
□文体娱乐业　　□其他：_____
6. 贵公司年销售收入约为：
□5000万元以下　□5000万至5亿元之间　□5亿元以上
7. 贵公司在中国成立的年份：_____

二、跨国公司在华子公司社会责任情况

下列是跨国公司在中国经营过程中可能涉及的企业社会责任问题，请您按照顺序，根据您对公司的实际情况判断对各项活动的认同程度。对于问卷中的每一项，请在相应的选项处画"√"即可。

1 非常不同意；2 很不同意；3 一般；4 很同意；5 非常同意					
经济责任情况	非常不同意——非常同意				
CSR_1. 创造财富和利润	1	2	3	4	5
CSR_2. 带动当地就业	1	2	3	4	5
CSR_3. 促进中国经济可持续发展	1	2	3	4	5
CSR_4. 带动中国相关产业的发展	1	2	3	4	5
CSR_5. 确保企业可持续发展	1	2	3	4	5
CSR_6. 有效率地提供合格产品和服务	1	2	3	4	5
环境责任情况	非常不同意——非常同意				
CSR_7. 加强环保，减少污染	1	2	3	4	5
CSR_8. 对环境和生态问题承担治理的责任	1	2	3	4	5
CSR_9. 建立完善的环境管理体系	1	2	3	4	5
CSR_{10}. 节约资源，提高资源利用效率	1	2	3	4	5
法律责任情况	非常不同意——非常同意				
CSR_{11}. 在法律允许范围内诚信经营	1	2	3	4	5
CSR_{12}. 遵守中国的各项法律法规	1	2	3	4	5
CSR_{13}. 依法纳税，不偷税、漏税	1	2	3	4	5
社会关系责任情况	非常不同意——非常同意				
CSR_{14}. 提高员工待遇	1	2	3	4	5
CSR_{15}. 公平对待所有员工	1	2	3	4	5
CSR_{16}. 维护员工权益	1	2	3	4	5
CSR_{17}. 增加工会的作用，和谐劳资关系	1	2	3	4	5
CSR_{18}. 产品质量和安全	1	2	3	4	5
CSR_{19}. 保障消费者权益	1	2	3	4	5
CSR_{20}. 不提供虚假广告，产品货真价实	1	2	3	4	5

续表

1 非常不同意；2 很不同意；3 一般；4 很同意；5 非常同意					
社会关系责任情况	非常不同意——非常同意				
CSR_{21}. 提高消费者满意度	1	2	3	4	5
CSR_{22}. 不搞国内外双重标准	1	2	3	4	5
CSR_{23}. 与各级政府合作促发展	1	2	3	4	5
CSR_{24}. 使中国人民获得切实利益	1	2	3	4	5
CSR_{25}. 尊重中国国情，维护中国国家形象	1	2	3	4	5
慈善责任	非常不同意——非常同意				
CSR_{26}. 慈善捐款、扶贫、助学	1	2	3	4	5
CSR_{27}. 支持和参与社会公益事业	1	2	3	4	5
CSR_{28}. 关注弱势群体	1	2	3	4	5
CSR_{29}. 支持文化科教事业	1	2	3	4	5

三、跨国公司在华子公司竞争优势情况

下列是跨国公司在中国经营过程中所体现出来的竞争优势，请您按照顺序，根据贵公司的实际情况判断对各项活动的认同程度。对于问卷中的每一项，请在相应的选项处画"√"即可。

1 非常不同意；2 很不同意；3 一般；4 很同意；5 非常同意					
	非常不同意——非常同意				
CA_1. 本公司的总资产收益率比同行业平均水平要高	1	2	3	4	5
CA_2. 本公司的总销售收益率比同行业平均水平要高	1	2	3	4	5
CA_3. 本公司的年均销售增长率比同行业平均水平要高	1	2	3	4	5
CA_4. 本公司的市场占有率比同行业平均水平要高	1	2	3	4	5
CA_5. 本公司创新产品的成功率和新产品的销售率比同行业平均水平要高	1	2	3	4	5
CA_6. 本公司的客户满意度比同行业平均水平要高	1	2	3	4	5

四、跨国公司在华子公司网络情况

1. 在中国经营的过程中，由于企业社会责任实践，贵公司能够联系和交流的合作伙伴的数量，请在合适的区域画"√"。

	几乎没有	1~3家	4~8家	8~15家	15家以上
NWS_1. 客户					
NWS_2. 供应商					
NWS_3. 经销商					
NWS_4. 竞争者					
NWS_5. 政府部门					
NWS_6. 科研院所					
NWS_7. 非营利组织					

2. 在中国经营的过程中，由于企业社会责任实践，贵公司与合作伙伴交流的频率，请在合适的区域画"√"。

	没有交往	每年1次	每季度1次	每月1次	每周1次
NWF_1. 客户					
NWF_2. 供应商					
NWF_3. 经销商					
NWF_4. 竞争者					
NWF_5. 政府部门					
NWF_6. 科研院所					
NWF_7. 非营利组织					

3. 跨国公司在华子公司与合作伙伴的交往情况。下表中各项对贵公司的描述，请您根据对贵公司判断，在合适的区域画"√"。

1 非常不同意；2 很不同意；3 一般；4 很同意；5 非常同意					
	非常不同意————非常同意				
NW_1. 很多组织和机构容易与本公司建立联系	1	2	3	4	5
NW_2. 本公司与合作伙伴的直接联系多于间接联系	1	2	3	4	5
NW_3. 合作伙伴间建立联系，很多都是通过本公司来实现	1	2	3	4	5
NW_4. 本公司经常收到伙伴公司的信息或知识	1	2	3	4	5
NW_5. 相对于合作伙伴，本公司掌握较多的资源	1	2	3	4	5
NW_6. 本公司在网络中的地位促使其他网络成员与其合作	1	2	3	4	5
NW_7. 本公司在网络中的地位为其带来了正面效应而非负面效应	1	2	3	4	5
NW_8. 本公司与合作伙伴的交往中，都能信守承诺，履行合同	1	2	3	4	5
NW_9. 本公司与合作伙伴能够互相帮助，共同解决问题	1	2	3	4	5
NW_{10}. 若本公司有新的合作业务或机会，首先会想到现有的合作伙伴	1	2	3	4	5
NW_{11}. 在与合作伙伴的交往中，双方都尽量避免从事损害对方利益的活动	1	2	3	4	5

参考文献

[1] 蔡宁、胡杨成、张彬：《企业与非营利组织合作获取竞争优势的机理》，载于《科学学研究》2006年第3期。

[2] 柴国荣、宗胜亮、王璟珮：《创新网络中的企业知识共享机理及其对策研究》，载于《科学学研究》2010年第2期。

[3] 陈承、周中林：《企业社会责任对竞争优势持续性的影响研究》，载于《中国科技论坛》2014年第5期。

[4] 陈国权、宁南：《组织从经验中学习：现状、问题、方向》，载于《中国管理科学》2009年第1期。

[5] 陈国权：《组织与环境的关系及组织学习》，载于《管理科学学报》2001年第5期。

[6] 陈宏辉、陈利荣、王江艳：《在华投资跨国公司弱化企业社会责任的原因分析》，载于《现代管理科学》2007年第6期。

[7] 陈伟宏：《企业社会责任：中国企业跨国经营文化的核心》，载于《国际商务研究》2006年第5期。

[8] 陈相森：《企业社会责任在跨国经营中的应用及对我国的启示》，载于《国际商务研究》2005年第2期。

[9] 陈煦江、许梦洁：《企业社会责任、竞争优势与财务可持续》，载于《会计之友》2020年第24期。

[10] 程恩富、彭文兵：《社会关系网络：企业新的资源配置形式》，载于《上海行政学院学报》2002年第2期。

[11] 崔新健：《跨国公司社会责任的概念框架》，载于《世界经济研究》2007年第4期。

[12] 崔新健、彭谙慧：《新冠疫情影响下跨国公司企业社会责任新趋势》，载于《国际贸易》2020年第9期。

[13] 崔新健、张天桥：《推进在华跨国公司社会责任前行的障

碍》，载于《社会科学》2008年第10期。

［14］党齐民：《国外企业社会责任的发展趋向与启示》，载于《甘肃社会科学》2019年第2期。

［15］董保宝：《基于网络结构的动态能力与企业竞争优势关系研究》，吉林大学博士学位论文，2010年。

［16］杜培枫：《关于跨国公司CSR战略营销行为的思考》，载于《经济问题》2007年第2期。

［17］段军山：《社会责任投资与价值投资相悖吗？——基于国际经验的比较》，载于《上海立信会计学院学报》2010年第5期。

［18］费显政：《资源依赖学派之组织与环境关系理论评介》，载于《武汉大学学报》（哲学社会科学版）2005年第4期。

［19］冯鹏程、夏占友：《跨国公司在华社会责任研究：基于制度视角》，载于《国际经济合作》2009年第10期。

［20］付强、刘益：《基于技术创新的企业社会责任对绩效影响研究》，载于《科学学研究》2013年第3期。

［21］高茜：《子公司知识来源与跨国公司知识转移组织机制的选择》，载于《生产力研究》2007年第13期。

［22］葛京、杨莉、李武：《跨国企业集团管理》，机械工业出版社2002年版。

［23］葛顺奇、李诚邦：《社会责任：跨国公司必须跨越的一道门槛》，载于《国际经济合作》2003年第9期。

［24］顾金龙、赵映平：《论跨国公司在华社会责任的弱化及其对策》，载于《南京财经大学学报》2006年第4期。

［25］郭安苹、叶春明：《企业社会责任、技术创新投入与企业绩效的研究——基于我国创业板上市企业的实证分析》，载于《科技与经济》2017年第4期。

［26］郭斌：《企业异质性、技术因素与竞争优势：对企业竞争优势理论的一个评述》，载于《自然辩证法通讯》2002年第2期。

［27］郭洪涛：《基于社会责任视角的企业竞争力形成路径研究》，载于《理论与改革》2013年第4期。

［28］郭劲光、高静美：《网络、资源与竞争优势：一个企业社会学视角下的观点》，载于《中国工业经济》2003年第3期。

[29] 郭劲光：《企业网络理论研究：对一种新解释范式的探索》，东北财经大学博士论文，2004 年。

[30] 郝秀清、仝允桓、胡成根：《基于社会资本视角的企业社会表现对经营绩效的影响研究》，载于《科学学与科学技术管理》2011 年第 10 期。

[31] 郝云宏、唐海燕、胡峰：《论企业公民行为概念在跨国投资中的确立》，载于《管理现代化》2008 年第 3 期。

[32] 胡叶琳、余菁：《"十四五"时期在华跨国公司发展研究》，载于《经济体制改革》2021 年第 1 期。

[33] 黄健、余杰、衣长军、申慧云：《中国跨国企业海外子公司创新绩效驱动机制——QCA 方法的组态分析》，载于《华侨大学学报》（哲学社会科学版）2021 年第 4 期。

[34] 惠双民：《资产专用性、网络扩展和私人秩序》，载于《经济研究》2002 年第 7 期。

[35] 贾生华、郑海东：《企业社会责任：从单一视角到协同视角》，载于《浙江大学学报》（人文社会科学版）2007 年第 3 期。

[36] 姜俊：《企业社会责任与企业价值的关系研究述评》，载于《经济经纬》2010 年第 2 期。

[37] 姜丽群：《国外企业社会责任缺失研究述评》，载于《外国经济与管理》2014 年第 2 期。

[38] 金碚、李刚：《企业社会责任公众调查的初步报告》，载于《经济管理》2006 年第 3 期。

[39] 金润圭、杨蓉、陶冉：《跨国公司社会责任研究——基于 CSR 报告的比较分析》，载于《世界经济研究》2008 年第 9 期。

[40] 鞠芳辉、谢子远、宝贡敏：《企业社会责任的实现——基于消费者选择的分析》，载于《中国工业经济》2005 年第 9 期。

[41] 李秉勤、胡博、盛斌：《政府在促进跨国企业承担社会责任中的作用》，载于《东岳论丛》2009 年第 1 期。

[42] 李炳毅、李东红：《企业社会责任论》，载于《经济问题》1998 年第 8 期。

[43] 李立清：《企业社会责任评价理论与实证研究：以湖南省为例》，载于《南方经济》2006 年第 1 期。

[44] 李文茜、刘益:《技术创新、企业社会责任与企业竞争力——基于上市公司数据的实证分析》,载于《科学学与科学技术管理》2017年第1期。

[45] 李新玉:《责任与担当——抗击新冠肺炎疫情中的跨国公司》(中英双语版),社会科学文献出版社2020年版。

[46] 李贞:《企业知识. 网络能力对技术创新绩效的影响研究——以山东省高新技术企业为例》,山东大学博士学位论文,2011年。

[47] 林花、王珏、刘园园:《跨国子公司与东道国企业知识相互学习及其对创新能力和业绩的影响——基于在华跨国子公司的实证研究》,载于《宏观经济研究》2013年第11期。

[48] 刘恩专:《论跨国公司的社会责任》,载于《国际贸易问题》1999年第3期。

[49] 刘军:《企业异质性与FDI行为:理论研究进展综述》,载于《国际贸易问题》2015年第5期。

[50] 刘明霞、谭力文:《子公司特定优势:跨国公司的新优势和新挑战》,载于《经济管理》2002年第12期。

[51] 刘婷:《跨国公司海外子公司的三维网络嵌入性研究》,载于《湖南社会科学》2009年第3期。

[52] 刘雪峰:《网络嵌入性与差异化战略及企业绩效关系研究》,浙江大学博士学位论文,2007年。

[53] 陆明远:《中国非营利组织的"官民二重性"分析》,载于《学习月刊》2004年第6期。

[54] 罗来军:《跨国公司母公司对国际合资子公司的控制研究》,复旦大学博士学位论文,2007年。

[55] 罗珉:《组织间关系理论最新研究视角探析》,载于《外国经济与管理》2007年第1期。

[56] 马刚:《基于战略网络视角的产业区企业竞争优势实证研究》,浙江大学博士学位论文,2005年。

[57] 马庆国:《管理统计》,科学出版社2010年版。

[58] 宁烨、郭梦瑶、王释鹤:《海外子公司双元嵌入对创新绩效的影响研究——基于动态能力视角》,载于《科技管理研究》2021年第11期。

[59] 蒲明、毕克新：《双重网络嵌入性对子公司成长能力有不同影响吗？——基于跨国公司中国子公司的实证研究》，载于《科学决策》2019年第6期。

[60] 齐丽云、苏爽：《中国石油的企业社会责任演进过程——基于组织意义建构和制度整合视角的案例研究》，载于《管理案例研究与评论》2018年第6期。

[61] 齐丽云、云汪瀛、吕正纲：《基于组织意义建构和制度理论的企业社会责任演进研究》，载于《管理评论》2021年第1期。

[62] 丘皓政：《量化研究与统计分析》，重庆大学出版社2010年版。

[63] 曲世友：《基于实物期权的企业合作创新策略选择》，载于《管理世界》2008年第3期。

[64] 冉范生：《创新网络合作方式的选择策略》，载于《科学管理研究》2010年第1期。

[65] 任志安：《知识共享与规模经济、范围经济和联结经济》，载于《科学学与科学技术管理》2005年第9期。

[66] 芮明杰、樊圣君：《"造山"：以知识和学习为基础的企业的新逻辑》，载于《管理科学学报》2001年第3期。

[67] 沈必扬、池仁勇：《企业创新网络：企业技术创新研究的一个新范式》，载于《科研管理》2005年第3期。

[68] 沈玉芳：《论企业有共同社会责任与灵活创新网络》，载于《世界地理研究》2008年第2期。

[69] 盛斌、胡博：《跨国公司社会责任：从理论到实践》，载于《南开学报》（哲学社会科学版）2008年第4期。

[70] 石军伟、胡立君、付海艳：《企业社会责任、社会资本与组织竞争优势：一个战略互动视角——基于中国转型期经验的实证研究》，载于《中国工业经济》2009年第11期。

[71] 谭云清、马永生：《OFDI企业双元网络与双元创新：跨界搜索的调节效应》，载于《科研管理》2020年第9期。

[72] 田虹、潘楚林、姜雨峰：《企业社会责任可见性和透明度对竞争优势的影响——基于企业声誉的中介作用及善因匹配的调节效应》，载于《南京社会科学》2015年第10期。

［73］田晓霞、陈金梅：《利益相关者价值创造、创新来源与机会》，载于《科学学与科学技术管理》2005年第11期。

［74］田雪莹：《企业捐赠非营利组织的行为及竞争优势研究：基于社会资本的视角》，浙江大学博士学位论文，2008年。

［75］田志伟、葛遵峰：《企业社会责任的竞争优势观》，载于《贵州社会科学》2007年第11期。

［76］王长义：《基于程序公正性视角的跨国公司供应链社会责任管理研究》，载于《理论学刊》2011年第4期。

［77］王长义：《基于社会责任视角的跨国公司子公司竞争优势研究》，载于《山东社会科学》2010年第3期。

［78］王大洲：《企业创新网络的进化机制分析》，载于《科学学研究》2006年第5期。

［79］王大洲：《企业创新网络的进化与治理：一个文献综述》，载于《科研管理》2001年第5期。

［80］王海花、彭正龙：《企业社会责任表现与开放式创新的互动关系研究》，载于《科学管理研究》2010年第1期。

［81］王连森：《跨国公司海外子公司竞争优势及其来源的衡量与判别：基于产品获利性研究》，山东大学博士学位论文，2007年。

［82］王铁山：《跨国公司在华社会责任弱化的动因》，载于《国际经济合作》2009年第6期。

［83］王宇露：《海外子公司的战略网络——社会资本与战略网络的研究》，复旦大学博士论文，2008年。

［84］王志乐：《强化公司责任，提升企业软竞争力》，载于《宏观经济研究》2006年第8期。

［85］魏江：《持续竞争优势：制度观、资源观与创新观》，载于《自然辩证法通讯》1999年第2期。

［86］吴先明：《跨国公司的社会责任》，载于《经济管理》2006年第7期。

［87］吴新文：《公民社会的培育与中国经济伦理的改善》，载于《上海财经大学学报》2006年第12期。

［88］项保华、叶庆祥：《企业竞争优势理论的演变和构建——基于创新视角的整合与拓展》，载于《外国经济与管理》2005年第3期。

[89] 肖红军：《相关制度距离会影响跨国公司在东道国社会责任吗？》，载于《数量经济技术经济研究》2014 年第 4 期。

[90] 肖鹏、王爱梅：《跨国企业竞争优势的研究现状与未来展望》，载于《长春大学学报》2018 年第 9 期。

[91] 谢名一：《在华跨国公司企业社会责任标准体系研究》，辽宁大学博士学位论文，2010 年。

[92] 辛晴：《知识网络对企业创新绩效的影响：基于动态能力的视角》，山东大学博士学位论文，2011 年。

[93] 徐二明、郑平：《中国转型经济背景下的跨国公司在华企业社会责任研究》，载于《经济界》2009 年第 3 期。

[94] 徐光华、陈良华、王兰芳：《战略绩效评价模式：企业社会责任嵌入性研究》，载于《管理世界》2007 年第 11 期。

[95] 徐尚昆、杨汝岱：《企业社会责任概念范畴的归纳性分析》，载于《中国工业经济》2007 年第 5 期。

[96] 薛求知、关涛：《跨国公司知识转移：知识特性与转移工具研究》，载于《管理科学学报》2006 年第 6 期。

[97] 薛求知、李亚新：《跨国公司子公司特定优势的形成研究——从知识创新和流动的角度》，载于《研究与发展管理》2008 年第 2 期。

[98] 薛求知、阎海峰：《跨国公司全球学习——新角度审视跨国公司》，载于《南开管理评论》2001 年第 2 期。

[99] 杨剑、梁樑：《基于网络特征的创新网络博弈研究分析》，载于《科学学与科学技术管理》2007 年第 8 期。

[100] 叶庆祥：《跨国公司本地嵌入过程机制研究》，浙江大学博士学位论文，2006 年。

[101] 殷格非、管竹笋：《在华跨国公司社会责任实践现状与趋势》，载于《WTO 经济导刊》2009 年第 3 期。

[102] 俞毅：《论跨国公司直接投资的社会责任》，载于《国际经济合作》2006 年第 12 期。

[103] 曾剑云、李石新：《竞争优势培育型 FDI 理论研究述评》，载于《经济学动态》2011 年第 11 期。

[104] 张华、席酉民、曾宪聚：《网络结构与成员学习策略对组织绩效的影响研究》，载于《管理科学》2009 年第 2 期。

[105] 张慧：《跨国公司行为理论阐释的新进展》，载于《世界经济研究》2006年第8期。

[106] 张慧、徐金发、江青虎：《基于资源观的跨国公司子公司特定优势的形成和发展研究》，载于《国际贸易问题》2006年第4期。

[107] 张凌宁：《拜耳：CSR是一项持之以恒的长远计划》，载于《WTO经济导刊》2009年第3期。

[108] 张乾友、赵钰琳：《重新思考企业的治理角色——对当代企业社会责任运动的理论考察》，载于《学习论坛》2021年第2期。

[109] 张毅、张子刚：《企业网络与组织间学习的关系链模型》，载于《科研管理》2005年第2期。

[110] 张志强、王春香：《西方企业社会责任的演化及其体系》，载于《宏观经济研究》2005年第9期。

[111] 张竹、谢绚丽、武常岐、申宁：《本土化还是一体化：中国跨国企业海外子公司网络嵌入的多阶段模型》，载于《南开管理评论》2016年第1期。

[112] 赵福厚：《试论跨国公司子公司竞争优势的内外部来源及其相互关系》，载于《现代财经》2007年第10期。

[113] 郑海东：《企业社会责任行为表现：测量维度、影响因素及对企业绩效的影响》，浙江大学博士学位论文，2007年。

[114] 中国国际投资促进会：《中国吸收外资四十年（1978~2018）》，中国财政经济出版社2020年版。

[115] 中国企业家调查系统：《企业家对企业社会责任的认识与评价——2007年中国企业经营者成长与发展专题调查报告》，载于《管理世界》2007年第6期。

[116] 钟宏武等：《企业社会责任蓝皮书：中资企业海外社会责任研究报告（2016~2017）》，社会科学文献出版社2017年版。

[117] 朱乃平、朱丽、孔玉生、沈阳：《技术创新投入、社会责任承担对财务绩效的协同影响研究》，载于《会计研究》2014年第2期。

[118] 朱文忠：《跨国公司企业社会责任国别差异性的原因与对策》，载于《国际经贸探索》2007年第5期。

[119] 邹俊、张芳：《履行企业社会责任能带来持续竞争优势吗？——基于资源基础理论分析框架》，载于《当代经济管理》2016年

第 7 期。

[120] 左松林:《实物期权在风险投资中的运用研究》,载于《现代经济探讨》2005 年第 5 期。

[121] Abagail McWilliams, Donald Siegel, Corporate Social Responsibility: A Theory of the Firm Perspective. *Academy of Management Review*, Vol. 26, No. 1, 2001, pp. 117 – 127.

[122] Alan M Rugman, Alain Verlmke, Subsidiary Specific Advantages in Multinational Enterprises. *Strategic Management Journal*, Vol. 22, 2001, pp. 237 – 250.

[123] Alan Muller, Global versus Local CSR Strategies. *European Management Journal*, Vol. 24, No. 2 – 3, 2006, pp. 189 – 198.

[124] Alberto Ferraris, Marcel L. A. M. Bogers, Stefano Bresciani, Subsidiary Innovation Performance: Balancing External Knowledge Sources and Internal Embeddedness. *Journal of International Management*, Vol. 26, No. 4, December 2020, 100794.

[125] Alinaghian L, Kim Y, Srai J., A Relational Embeddedness Perspective on Dynamic Capabilities: a Grounded Investigation of Buyer-supplier Routines. *Industrial Marketing Management*, Vol. 85, No. 1, 2020, pp. 110 – 125.

[126] Anabel Marin, Subash Sasidharan, Heterogeneous MNC Subsidiaries and Technological Spillovers: Explaining Positive and Negative Effects in India. *Research Policy*, Vol. 39, No. 9, November 2010, pp. 1227 – 1241.

[127] Andersson, Forsgren & Holm, The Strategic Impact of Extemal Networks: Subsidiary Performance and Competence Development in the Multinational Corporation. *Strategic Management Journal*, Vol. 23, 2002, pp. 979 – 996.

[128] Armen A. Alchian and H. Demsetz, Production, Information Costs and Economic Organization. *American Economics Review*, Vol. 62, 1972, pp. 777 – 794.

[129] Armstrong R. W. et al., The Impact of Banality, Risky Shift and Escalating Commitment on Ethical Decision Making. *Journal of Business*

Ethics, Vol. 53, No. 4, 2004, pp. 365 - 370.

[130] Arrow, K., The Economic Implication of Learning by Doing. Review of Economic Studies, Vol. 29, No. 2, 1962, pp. 155 - 173.

[131] Asakawa, K., Park, Y., Song, J., Kim, S. J., Internal Embeddedness, Geographic Distance, and Global Knowledge Sourcing by Overseas Subsidiaries. *Journal of International Business Studies*, Vol. 49, No. 6, 2018, pp. 743 - 752.

[132] Baron, D. P. Private Politics, Corporate Social Responsibility and Integrated Strategy. *Journal of Economics and Management Strategy*, Vol. 10, 2001, pp. 7 - 45.

[133] Bartlett, C. A., Ghoshal S.. *Managing across Borders: The Transnational Solution.* Boston: Harvard Business, 1989.

[134] Bartlett, C. A, Ghoshal S., Tap Your Subsidiaries for Global Reach. *Harvard Business Review*, Vol. 64, No. 6, 1986, pp. 87 - 94.

[135] Beddewela, Eshani Samanthi, Corporate Responsibility in Multinational Corporations: Institutional Perspectives. *Academy of Management Annual Meeting Proceedings*, Vol. 2018, No. 1, 2018.

[136] Bendell, J. and W. Visser, World Review. *The Journal of Corporate Citizenship*, Vol. 17, 2005, pp. 5 - 20.

[137] Bernard, A. B., Eaton, J., Bradford J., Kortum, S. S., Plants and Productivity in International Trade. *American Economic Review*, Vol. 93, 2003, pp. 1268 - 90.

[138] Bhattacharya, R., I. Patnaik & A. Shah, Export versus FDI in Services. *The World Economy*, Vol. 35, No. 1, 2012, pp. 61 - 78.

[139] Bindu Arya and Jane E. Salk, Cross - Sector Alliance Learning and Effectiveness of Voluntary Codes of Corporate Social Responsibility. *Business Ethics Quarterly*, Vol. 16, No. 2, 2006, pp. 211 - 234.

[140] Birkinshaw, J., Entrepreneurship in Multinational Corporations: the Characteristics of Subsidiary Initiatives. *Strategic Management Journal*, Vol. 18, 1997, pp. 207 - 229.

[141] Birkinshaw, J., Hood, N., Multinational Subsidiary Evolution: Capability and Charter Change in Foreign-owned Subsidiary Companies. *Academy*

of Management Review, Vol. 23, No. 4, 1998, pp. 773 – 795.

［142］Bowman, E. H. , A Risk/Return Paradox for Strategic Management. *Sloan Management Review*, Vol. 21, No. 3, 1980, pp. 17 – 31.

［143］Brian L. Maruffi, Wolfgang R. Petri. Malindretos, John, Corporate Social Responsibility and the Competitive Advantage of Multinational Corporations: What is the Right Balance? *Journal of Global Business Issues*. Vol. 7, No. 2, Fall2013, pp. 69 – 81.

［144］Bryan Husted & David Allen, Strategic Corporate Social Responsibility and Value Creation among Large Firms. *Long Range Planning*, Vol. 40, 2007, pp. 594 – 610.

［145］Bryan W Husted & David B Allen, Corporate Social Responsibility in the Multinational Enterprise: Strategic and Institutional Approaches. *Journal of International Business Studies*, Vol. 37, No. 6, 2006, pp. 838 – 849.

［146］Bryan W. Husted, Governance Choices for Corporate Social Responsibility: to Contribute, Collaborate or Internalize? *Long Range Planning*, Vol. 36, 2003, pp. 481 – 498.

［147］Bryan W. Husted, Risk Management, Real Options and Corporate Social Responsibility. *Journal of Business Ethics*, Vol. 60, 2005, pp. 175 – 183.

［148］Börzel Tanja A. , Hönke Jana, Thauer Christian R. , Does It Really Take the State? *Business & Politics*, Vol. 14, No. 3, Oct 2012, pp. 1 – 34.

［149］Byung Il Park, Agnieszka Chidlow, Jiyul Choi, Corporate Social Responsibility: Stakeholders Influence on MNEs' Activities. *International Business Review*, Vol. 23, No. 5, October 2014, pp. 966 – 980.

［150］Carroll, A. B. , Managing Ethically with Global Stakeholders: A Present and Future Challenge. *Academy of Management Executive*, Vol. 18, No. 2, 2004, pp. 114 – 120.

［151］Caves. R. E. , *Multinational Enterprise and Economic Analysis*. Cambridge: Cambridge University Press, 1983.

［152］C. B. Bhattacharya, Daniel Korschun & Sankar Sen, Strengthening Stakeholder – Company Relationships Through Mutually Beneficial Corporate Social Responsibility Initiatives. *Journal of Business Ethics*, Vol. 85, 2009, pp. 257 – 272.

[153] Chakravarthy B. S. , Measuring Strategic Performance. *Strategic Management Journal*, No. 7, 1986, pp. 437 – 458.

[154] Chandler G. N, Hanks S. H. , Measuring the Performance of Emerging Businesses: a Validation Study. *Journal of Business Venturing*, No. 8, 1993, pp. 391 – 408.

[155] Changsu Kima, Jungkeun Kim, Roger Marshall, Hajir Afzali, Stakeholder Influence, Institutional Duality, and CSR Involvement of MNC Subsidiaries. *Journal of Business Research*, Vol. 91, October 2018, pp. 40 – 47.

[156] Chen, Stephen, Multinational Corporate Power, Influence and Responsibility in Global Supply Chains. *Journal of Business Ethics*, Vol. 148, No. 2, Mar2018, pp. 365 – 374.

[157] Christopher Marquis & Mary Ann Glynn, Community Isomorphism and Corporate Social Action. *Academy of Management Review*, Vol. 32, No. 3, 2007, pp. 925 – 945.

[158] Clarkson M. , A Stakeholder Framework for Analyzing and Evaluating Corporate Social Performance. *Academy of Management Review*, Vol. 20, 1995, pp. 92 – 117.

[159] Cohen, Levinthal, Absorptive Capacity: A New Perspective on Leaning and Innovation. *Administrative Science Quarterly*, Vol. 35, 1990, pp. 128 – 15.

[160] Cristina Villar, àngels Dasí, Ana Botella – Andreu, Subsidiary-specific Advantages for Inter – Regional Expansion: The Role of Intermediate Units. *International Business Review*, Vol. 27, No. 2, April 2018, pp. 328 – 338.

[161] Cruz Luciano Barin, Pedrozo Eugenio Avila, Estivalete Vania de Fátima Barros, Hoff Debora Nayar, The Influence of Transverse CSR Structure on Headquarters/Subsidiary Integration. *Brazilian Administration Review*, Vol. 7, No. 3, Jul 2010, pp. 310 – 324.

[162] Daniel S. Andrews, Stav Fainshmidt, Ajai Gaur, Ronaldo Par-

ent, Configuring Knowledge Connectivity and Strategy Conditions for Foreign Subsidiary Innovation. *Long Range Planning*, *Available online*, 12 March 2021, 102089.

[163] David A. Waldman, Mary Sully de Luque, Nathan Wshburn, Robert J House, Cultural and Leadership Predictors of Corporate Social Responsibility Values of Top Management: a GLOBE Study of 15 Countries. *Journal of International Business Studies*, Vol. 37, No. 6, 2006, pp. 823 – 837.

[164] Demacarty P., Financial Returns of Corporate Social Responsibility, and the Moral Freedom and Responsibility of Business Leaders. *Business & Society Review*, Vol. 114, No. 3, 2009, pp. 393 – 433.

[165] D. Eric Boyd, Robert E. Spekman, John W. Kamauff and Patricia Werhane, Corporate Social Responsibility in Global Supply Chains: A Procedural Justice Perspective. *Long Range Planning*, Vol. 40, 2007, pp. 341 – 356.

[166] D. Jamali, The CSR of MNC Subsidiaries in Developing Countries: Global, Local, Substantive or Diluted. *Journal of Business Ethics*, Vol. 93, No. 2, Jun2010 Supplement, pp. 181 – 200.

[167] Drucker, P. F., The New Meaning of Corporate Social Responsibility. *California Management Review*, No. 2, 1984, pp. 53 – 63.

[168] Duygu Turker, How Corporate Social Responsibility Influences Organizational Commitment. *Journal of Business Ethics*, Vol. 89, 2009, pp. 189 – 204.

[169] Dyllick, T. and K. Hockerts, Beyond the Busines Case for Corporate Sustainability. *Business Strategy and the Environment*, No. 11, 2002, pp. 130 – 141.

[170] Elkington, J., *Cannibals with Forks: the Triple Bottom Line of 21st Century Business*. Oxford: Capstone, 1997.

[171] Eric Von Hippel, *The Sources of Innovation*. New York: Oxford University Press, 1994.

[172] Erwin Danneels, The Dynamics of Product Innovation and Firm Competences. *Strategic Management Journal*, Vol. 23, No. 12, 2002, pp.

1095 - 1121.

［173］Filatotchev Igor Stahl, Günter K. , Towards Transnational CSR: Corporate Social Responsibility Approaches and Governance Solutions for Multinational Corporations. *Organizational Dynamics*, Vol. 44, No. 2, Apr 2015, pp. 121 - 129.

［174］Fombrun, C. J. , Gardberg, N. A. , & Barnett, M. L. , Opportunity Platforms and Safety Nets: Corporate Citizenship and Reputational Risk. *Business and Society Review*, Vol. 105, 2000, pp. 85 - 106.

［175］Fombrun, C. J. , *Reputation: Realizing Value from the Corporate Image*. Boston: Harvard Business School Press, 1996.

［176］Fox, T. , Corporate Social Responsibility and Development. *Development*, Vol. 47, No. 3, 2004, pp. 29 - 36.

［177］Ghoshal S, Bartlett C. A. , Creation, Adoption, and Diffusion of Innovations by Subsidiaries of Multinational Corporations. *Journal of International Business Studies*, Vol. 19, 1988, pp. 365 - 387.

［178］Gladwin, T. N. , and I. Walter, Multinational Enterprise, Social Responsiveness, and Pollution Control. *Journal of International Business Studies*, Vol. 7, No. 2, 1976, pp. 57 - 74.

［179］Godfrey, P. C. , The Relationship between Corporate Philanthropy and Shareholder Wealth: A Risk Management Perspective. *Academy of Management Review*, Vol. 30, 2005, pp. 777 - 798.

［180］Gupta, A. K. , V. Govindarajan, Knowledge Flows and the Structure of Control within Multinational Corporations. *Academy of Management Review*, Vol. 16, No. 4, 1991, pp. 768 - 792.

［181］Gupta S. , Strategic Dimensions of Corporate Image: Corporate Ability and Corporate Social Responsibility as Sources of Competitive Advantage via Differentiation. Unpublished Dissertation, Temple University, 2002.

［182］Hakansson, H. , Turnbull, P. W. , Inter-company Relationships: an Analytical Framaework. Working Paper of the Centre for International Business Studies, UPPsala University, 1982.

［183］Halme, M. , M. Anttonen, M. Kuisma, N. Kontoniemi and E. Heino, Business Models for Material Efficiency Services: Conceptualization and Application. *Ecological Economics*, Vol. 63, 2007, pp. 126 – 137.

[184] Hamel. G, Prahalad C. K., *Competing for the Future*. Boston, MA: Harvard Business School Press, 1994.

[185] Harrison, J, Freeman, R E., Stakeholders, Social Responsibility, and Performance: Empirical Evidence and Theoretical Perspectives. *Academy of Management Journal*, Vol. 42, No. 5, 1999, pp. 479 – 485.

[186] Hart, S. and C. Christensen, The Great Leap: Driving Innovation from the Base of the Pyramid. *MIT Sloan Management Review*, Vol. 44, No. 1, September 2002, pp. 51 – 56.

[187] Hart, S. L., A Natural Resource-based View of the Firm. *Academy of Management Review*, Vol. 20, 1995, pp. 986 – 1014.

[188] Hedberg R., How Organizations Learn and Unlearn. In Nystrom P C, Starbuck W H (eds.), *Handbook of Organizational Design*. Oxford: Oxford University Press, 1981.

[189] Helpman E., Melitz M., Yeaple S. R. Exports versus FDI with Heterogeneous Firms. *American Economic Review*, Vol. 94, 2004, pp. 300 – 316.

[190] Hemphill, T. A. and Lillevik, W., The Global Economic Ethic Manifes to Implementing a Moral Values Foundation in the Multinational Enterprise. *Journal of Business Ethic*, Vol. 101, January 2011, pp. 213 – 230.

[191] Hillman, A. J. and G. D. Keim, Shareholder Value, Stakeholder Management, and Social Issues: What's the Bottom Line? *Strategic Management Journal*, Vol. 22, No. 2, 2001, pp. 125 – 139.

[192] Hillman, A. J., M. A. Hitt, Corporate Political Strategy Formulation: A Model of Approach, Participation, and Strategy Decisions. *Academy of Management Review*, Vol. 24, No. 4, 1999, pp. 825 – 842.

[193] Hoenen, A. K., Nell, P. C., Ambos, B., MNE Entrepreneurial Capabilities at Intermediate Levels: The Roles of External Embeddedness and Heterogeneous Environments. *Long Range Planning*, Vol. 47, No. 1 – 2, 2014, pp. 76 – 86.

[194] Hoffman, R. C., Corporate Social Responsibility in the 1920s: an Institutional Perspective. *Journal of Management History*, Vol. 13, No. 1,

2007, pp. 55 – 69.

[195] Husted, B. W., D. B. Allen, Corporate Social Strategy in Multinational Enterprises: Antecedents and Value Creation. *Journal of Business Ethics*, Vol. 74, 2007, pp. 345 – 361.

[196] I. Dierickx and K. Cool, Asset Stock Accumulation and Sustainability of Competitive Advantage. *Management Science*, Vol. 35, 1989, pp. 1504 – 1511.

[197] Isaac V R, Bonni F M, Raziq M M, et al., From Local to Global Innovation: The Role of Subsidiaries' External Relational Embeddedness in an Emerging Market. *International Business Review*, Vol. 28, No. 4, 2019, pp. 638 – 646.

[198] Ismail Gölgeci, Alberto Ferraris, Ahmad Arslan, Shlomo Y. Tarba, European MNE Subsidiaries' Embeddedness and Innovation Performance: Moderating Role of External Search Depth and Breadth. *Journal of Business Research*, Vol. 102, September 2019, pp. 97 – 108.

[199] Jay L. Laughlin and Mohammad Badrul Ahsan, A Strategic Model for Multinational Corporation Social Responsibility in the Third World. *Journal of International Markting*, Vol. 2, No. 3, 1994, pp. 101 – 115.

[200] J. Carlos Jarillo, On Strategic Networks. *Strategic Management Journal*, No. 13, 1988, pp. 31 – 41.

[201] Jean – Pascal Gond and Olivier Herrbach, Social Reporting as an Organisational Learning Tool? A Theoretical Framework. *Journal of Business Ethics*, Vol. 65, 2006, pp. 359 – 371.

[202] Jean – Pascal Gond, Exploring the Learning Dynamics of Corporate Social Performance. Annual Meeting of the Academy of Management (New Orleans), August 2004.

[203] Jenifer W. Spencer, Firms' Knowledge-sharing Strategies in the Global Innovation System: Empirical Evidence from the Flat Panel Display Industry. *Strategic Management Journal*, No. 24, 2003, pp. 217 – 233.

[204] Jones, T. M., Instrumental Stakeholder Theory: A Synthesis of Ethic and Economics. *Academy of Management Review*, Vol. 20, 1995, pp. 404 – 437.

[205] Joseph Ella, Promoting Corporate Social Responsibility: Is Market-based Regulation Sufficient? *New Economy*, Vol. 9, No. 2, 2002, pp. 96 – 101.

[206] Juelin Yin, Dima Jamali, Strategic Corporate Social Responsibility of Multinational Companies Subsidiaries in Emerging Markets: Evidence from China. *Long Range Planning*, Vol. 49, No. 5, October 2016, pp. 541 – 558.

[207] Julien Levis, Adoption of Corporate Social Responsibility Codes by Multinational Companies. *Journal of Asian Economics*, Vol. 17, 2006, pp. 50 – 55.

[208] Junqian Xu, Dan Huang, Yigang Pan, Intra-firm Subsidiary Grouping and MNC Subsidiary Performance in China. *Journal of International Management*, Vol. 25, No. 2, June 2019, 100651.

[209] Kaplan R. S. , Yesterday's Accounting Undermines Production. *Harvard Business Review*, Vol. 62, No. 4, 1984, pp. 95 – 101.

[210] Karl J. Moore, A Strategy for Subsidiaries: Centers of Excellence to Build Subsidiary Special Advantages. *Management International Review*, Vol. 41, No. 3, 2001, pp. 275 – 290.

[211] Kaymak Turhan, Bektas Eralp, Corporate Social Responsibility and Governance: Information Disclosure in Multinational Corporations. *Corporate Social Responsibility & Environmental Management*, Vol. 24, No. 6, 2017, pp. 555 – 569.

[212] Kolk, A. , Tulder, R. Van, International Business, Corporate Social Responsibility and Sustainable Development. *International Business Review*, No. 19, 2010, pp. 119 – 125.

[213] Krackhardt, D. , Hanson, J. , Informal Networks: the Company behind the Chart, *Harvard Business Review*, Vol. 71, No. 4, 1993, pp. 104 – 111.

[214] Kuldeep Singh, Madhvendra Misra, Linking Corporate Social Responsibility (CSR) and Organizational Performance: the Moderating Effect of Corporate Reputation. *European Research on Management and Business Economics*, Vol. 27, No. 1, January – April 2021.

[215] Lantos, G. P., The Boundaries of Strategic Corporate Social Responsibility. *Journal of Consumer Marketing*, Vol. 18, No. 7, 2001, pp. 595 – 630.

[216] Laurence Vigneau, Michael Humphreys, Jeremy Moon, How Do Firms Comply with International Sustainability Standards? Processes and Consequences of Adopting the Global Reporting Initiative. *Journal of Business Ethics*, Vol. 131, No. 2, Oct 2015, pp. 469 – 486.

[217] Lee Burke & Jeanne M. Logsdon, How Corporate Social Responsibility Pays off. *Long Range Planning*, Vol. 29, No. 4, 1996, pp. 495 – 502.

[218] Lenos T., Real Options and Interactions with Financial Flexibility. *Financial Management*, Vol. 22, No. 3, 1993, pp. 202 – 218.

[219] Logsdon, J., Wood, D. J., Business Citizenship: From Domestic to Global Level of Analysis. *Business Ethics Quarterly*, Vol. 12, 2002, pp. 155 – 188.

[220] Lovett S., L. C. Simmons and R. Kali, Guanxi versus the Market: Ethics and Efficiency. *Journal of International Business Studies*, Vol. 30, No. 2, 1999, pp. 231 – 247.

[221] Lovins, A., L. Lovins and P. Hawken, A Road Map to Natural Capitalism. *Harvard Business Review*, Vol. 77, No. 3, 1999, pp. 145 – 158.

[222] MacGregor S, Fontrodona J., Exploring the Fit between CSR and Innovation. IESE Working Paper, No. MP – 759, 2008.

[223] Ma Hao, Competitive Advantage and Firm Performance. *Competitiveness Review*, Vol. 10, No. 2, 2000, pp. 15 – 32.

[224] Mahmood Ahmed Momin, Lee D. Parker, Motivations for Corporate Social Responsibility Reporting by MNC Subsidiaries in an Emerging Country: The Case of Bangladesh. *The British Accounting Review*, Vol. 45, No. 3, September 2013, pp. 215 – 228.

[225] Maignan, I., Consumers' Perception of Corporate Social Responsibilities: A Cross-cultural Comparison. *Journal of Business Ethics*, Vol. 30, 2001, pp. 57 – 72.

[226] Maignan, I., Ferrell, O. C., Nature of Corporate Responsibilities: Perspectives from American, French and German Consumers. *Jour-

nal of Business Research, Vol. 56, 2003, pp. 55 – 67.

［227］Margaret L. Sheng, Nathaniel N. Hartmann, Impact of Subsidiaries' Cross-border Knowledge Tacitness Shared and Social Capital on MNCs' Explorative and Exploitative Innovation Capability. *Journal of International Management*, Vol. 25, No. 4, December 2019, 100705.

［228］Margolis J. D., Walsh J. P., Misery Loves Companies: Rethinking Social Initiatives by Business. *Administrative Science Quarterly*, Vol. 48, No. 2, 2003, pp. 268 – 305.

［229］Maria Uzhegova, Lasse Torkkeli, Olli Kuivalainen, Subsidiary's Network Competence: Finnish Multinational Companies in Russia. *Journal of East – West Business*, Vol. 24, No. 4, 2018, pp. 213 – 244.

［230］Mark S. Schwartz and Archie B. Carroll, Corporate Social Responsibility: A Three Domain Approach. *Business Ethics Quarterly*, Vol. 13, No. 4, 2003, pp. 503 – 530.

［231］Marne L. Arthaud – Day, Transnational Corporate Social Responsibility: A Tri – Dimensional Approach to International CSR Research. *Business Ethics Quarterly*, Vol. 15, No. 1, 2005, pp. 1 – 22.

［232］Martin Roger L., The Virtue Matrix: Calculating the Return on Corporate Responsibility. *Harvard Business Review*, Vol. 80, No. 3, 2002, pp. 68 – 75.

［233］Matten D., Moon J., "Implicit" and "Explicit" CSR: A Conceptual Framework for a Comparative Understanding of Corporate Social Responsibility. *Academy of Management Review*, Vol. 33, No. 2, 2008, pp. 404 – 424.

［234］Max B. E. Clarkson, A Stakeholder Framework for Analyzing and Evaluating Corporate Social Performance. *Academy of Management Review*, Vol. 20, No. 1, 1995, pp. 92 – 117.

［235］McAdam, T. M., How to Put Corporate Responsibility into Practice. *Business and Society Review*, Vol. 6, 1973, pp. 8 – 16.

［236］McEvily, B., Zaheer, A., Bridging Ties: A Source of Firm Heterogeneity in Competitive Capabilities. *Strategic Management Journal*, Vol. 20, 1999, pp. 1133 – 1156.

[237] McGrath, R. G., A Real Options Logic for Initiating Technology Positioning Investments. *Academy of Management Review*, Vol. 22, No. 4, 1997, pp. 974 – 996.

[238] McWilliams, A. & Siegel, D., Corporate Social Responsibility and Financial Performance: Correlation or Misspecification? *Strategic Management Journal*, Vol. 21, 2000, pp. 603 – 609.

[239] Melitz, M. J., The Impact of Trade on Intra-industry Reallocations and Aggregate Industry Productivity. *Econometrica*, Vol. 71, 2003, pp. 1695 – 1725.

[240] Michael E. Porter and Mark R. Kramer, Strategy and Society: The Link Between Competitive Advantage and Corporate Social Responsibility. *Harvard Business Review*, Vol. 84, No. 12, December 2006, pp. 78 – 92.

[241] Michael E. Porter, Mark R. Kramer, The Competitive Advantage of Corporate Philanthropy. *Harvard Business Review*, Vol. 80, No. 12, December 2002, pp. 56 – 68.

[242] Minna Halme and Juha Laurila, Philanthropy, Integration or Innovation? Exploring the Financial and Societal Outcomes of Different Types of Corporate Responsibility. *Journal of Business Ethics*, Vol. 84, 2009, pp. 325 – 339.

[243] Myles Vogel, *Levering Information Technology Competencies and Capabilities for Competitive Advantage*. Doctoral Dissertation of University of Maryland, 2005.

[244] Nader Asgary, Gang Li, Corporate Social Responsibility: Its Economic Impact and Link to the Bullwhip Effect. *Journal of Business Ethics*. Vol. 135, No. 4, Jun 2016, pp. 665 – 681.

[245] Nadia Albis, Isabel álvarez, Aura García, The Impact of External, Internal, and Dual Relational Embeddedness on the Innovation Performance of Foreign Subsidiaries: Evidence from a Developing Country. *Journal of International Management*, Vol. 27, No. 4, December 2021, pp. 100 – 854.

[246] Naomi A. Gardberg, Carles J. Fombrun, Corporate Citizenship: Creating Intangible Assets across Institutional Enviroments. *Academy of Man-

agement Review, Vol. 31, No. 2, 2006, pp. 329 – 346.

[247] Naor, J., A New Approach to Multinational Social Responsibility [J]. *Journal of Business Ethics*, Vol. 1, 1982, pp. 219 – 225.

[248] Norifumi Kawai, Roger Strange, Antonella Zucchella, Stakeholder Pressures, EMS Implementation, and Green Innovation in MNC Overseas Subsidiaries. *International Business Review*, Vol. 27, No. 5, October 2018, pp. 933 – 946.

[249] Norman, W., C., Macdonald. Getting to the Bottom of "Triple Bottom Line". *Business Ethics Quarterly*, Vol. 14, No. 2, 2004, pp. 243 – 262.

[250] Oehmichen, J., Puck, J., Embeddedness, Ownership Mode and Dynamics, and the Performance of MNE Subsidiaries. *Journal of International Management*, Vol. 22, No. 1, 2016, pp. 17 – 28.

[251] Olga Tregaskis, Learning Networks, Power and Legitimacy in Multinational Subsidiaries. *The International Journal of Human Resource Management*, Vol. 14, No. 3, 2012, pp. 431 – 447.

[252] Oliver Falck, Stephan Heblich, Corporate Social Responsibility: Doing Well by Doing Good. *Business Horizons*, Vol. 50, 2007, pp. 247 – 254.

[253] Panchenko, Y. G., Kiriakova, M. Y., The Implementation of Creating Shared Value Concept in Multinational Corporations. *Actual Problems of Economics*, Vol. 171, No. 9, 2015, pp. 50 – 56.

[254] Paresh Mishra, Gordon B. Schmidt, How can Leaders of Multinational Organizations be Ethical by Contributing to Corporate Social Responsibility Initiatives? Guidelines and Pitfalls for Leaders Trying to Do Good. *Business Horizons*, Vol. 61, 2018, pp. 833 – 843.

[255] Paul Ryan, Majella Giblin, Ulf Andersson, Johanna Clancy, Subsidiary Knowledge Creation in Co-evolving Contexts. *International Business Review*, Vol. 27, No. 5, October 2018, pp. 915 – 932.

[256] Pedersen E. Rahbek, Neergaard Peter, What Matters to Managers? The Whats, Whys, and Hows of Corporate Social Responsibility in a Multinational Corporation. *Management Decision*, Vol. 47, No. 8, 2009, pp.

1261 – 1280.

[257] Penrose, E., *The Theory of the Growth of the Firm*. New York: Oxford University Press, 1959.

[258] Peter Rodriguez, Donald S Siegel, Amy Hillman and Lorraine Eden, Three Lenses on the Multinational Enterprise: Politics, Corruption, and Corporate Social Responsibility. *Journal of International Business Studies*, Vol. 37, No. 6, 2006, pp. 733 – 746.

[259] Petra Christmann and Glen Taylor, Firm Self-regulation through International Certifiable Standards: Determinants of Symbolic versus Substantive Implementation [J]. *Journal of international Business Studies*, Vol. 37, No. 6, 2006, pp. 863 – 878.

[260] Hanh Thi Song Pham, Hien Thi Tran, Board and Corporate Social Responsibility Disclosure of Multinational Corporations. *Multinational Business Review*, Vol. 27, No. 1, 2019, pp. 77 – 98.

[261] Porter, M. E., M. R. Kramer, The Link between Competitive Advantage and Corporate Social Responsibility. *Harvard Business Review*, Vol. 80, No. 12, 2006, pp. 78 – 92.

[262] Powell T. C., Competitive Advantage: Logical and Philosophical Considerations. *Strategic Management Journal*, No. 22, 2001, pp. 875 – 888.

[263] Prahalad, C. K. and S. Hart, The Fortune at the Bottom of the Pyramid. *Strategy + Business*, Vol. 26, 2002, pp. 1 – 15.

[264] Pu M, Soh P H., The Role of Dual Embeddedness and Organizational Learning in Subsidiary Development. *Asia Pacific Journal of Management*, Vol. 35, No. 2, 2018, pp. 373 – 397.

[265] Radin, T. J., The Effectiveness of Global Codes of Conduct: Role Models that Make Sense. *Business and Society Review*, Vol. 109, No. 4, 2004, pp. 415 – 417.

[266] Rosabeth Moss Kanter, From Spare Change to Rea Change, *Harvard Business Review*, Vol. 77, No. 3, 1999, pp. 122 – 132.

[267] Rui Baptista, Peter Swann, Do Firms in Clusters Innovate More? *Research Policy*, Vol. 27, 1998, pp. 526 – 573.

[268] Ru‑Shiun Liou, Nai H. Lamb, Kevin Lee, Cultural Imprints: Emerging Market Multinationals' Post-acquisition Corporate Social Performance. *Journal of Business Research*, Vol. 126, March 2021, pp. 187 – 196.

[269] Russo, M., & Fouts, P., A Resource-based Perspective on Corporate Environmental Performance and Profitability. *Academy of Management Journal*, Vol. 40, No. 3, 1997, pp. 534 – 559.

[270] Ruth V. Aguilera, Deborah E. Rupp, Cynthia A. Williams, Jyoti Ganapathi, Putting the S back in Corporate Social Responsibility: A Multilevel Theory of Social Change in Organizations. *Academy of Management Review*, Vol. 32, No. 3, 2007, pp. 836 – 863.

[271] Saba Colakoglu, Sachiko Yamao, David P. Lepak, Knowledge Creation Capability in MNC Subsidiaries: Examining the Roles of Global and Local Knowledge Inflows and Subsidiary Knowledge Stocks. *International Business Review*, Vol. 23, No. 1, February 2014, pp. 91 – 101.

[272] Sanjay Sharma and Harrie Vredenburg, Proactive Corporate Environmental Strategy and the Development of Competitively Valuable Capabilities. *Strategic Management Journal*, Vol. 19, 1998, pp. 729 – 753.

[273] Schmid, Schurig, The Development of Critical Capabilities in Foreign Subsidiaries: Disentangling the Role of the Subsidiary's Business Network. *International Business Review*, Vol. 12, No. 6, 2003, pp. 755 – 782.

[274] Simon Zadek, The Path to Corporate Responsibility. *Harvard Business Review*, Vol. 82, No. 12, December 2004, pp. 125 – 132.

[275] Snejina Michailova, Wu Zhan, Dynamic Capabilities and Innovation in MNC Subsidiaries. *Journal of World Business*, Vol. 50, No. 3, July 2015, pp. 576 – 583.

[276] Spearot, A. C., Firm Heterogeneity, New Investment, and Acquisitions. *The Journal of Industrial Economics*, Vol. 60, No. 1, 2012, pp. 1 – 45.

[277] Spicer, B. H., Investors, Corporate Social Responsibility, and Information Disclosure: An Empirical Study. *Accounting Review*, Vol. 53, 1978, pp. 94 – 111.

[278] Stepanok, I., Cross‑Border Mergers and Greenfield Foreign

Direct Investment. *Kiel Working Paper*, No. 1805, 2012.

[279] Sven Dahms, Foreign-owned Subsidiary Knowledge Sourcing: The Role of Location and Expatriates. *Journal of Business Research*, Vol. 105, December 2019, pp. 178 – 188.

[280] Sven Dahms, Slaeana Cabrilo, Suthikorn Kingkaew, The Role of Networks, Competencies, and IT Advancement in Innovation Performance of Foreign-owned Subsidiaries. *Industrial Marketing Management*, Vol. 89, August 2020, pp. 402 – 421.

[281] Swanson D., Addressing a Theoretical Problem by Reorienting the CSP Model. *Academy of Management Review*, Vol. 20, 1995, pp. 43 – 64.

[282] Sylvia Maxfield, Reconciling Corporate Citizenship and Competitive Strategy: Insights from Economic Theory. *Journal of Business Ethics*, Vol. 80, 2008, pp. 367 – 377.

[283] Tian W, Yu M J., Distribution, outward FDI, and Productivity Heterogeneity: China and Cross-countries' Evidence. *Journal of International Financial Markets, Institutions and Money*, Vol. 67, 2020.

[284] Tim Kitchin, Corporate Social Responsibility: A Brand Explanation. *Brand Management*, Vol. 10, No. 4 – 5, 2003, pp. 312 – 326.

[285] Trond Randoy and Jiatao Li, Global Resource Flows and MNE Network Integration. In Julian Birkinshaw and Neil Hood (eds.), *Multinational Corporation Evolution and Subsidiary Development*. New York: St. Martin's Press, 1998.

[286] Ulrich Elmer Hansen, Thomas Hebo Larsen, Shikha Bhasin, Robin Burgers. Innovation Capability Building in Subsidiaries of Multinational Companies in Emerging Economies: Insights from the Wind Turbine Industry. *Journal of Cleaner Production*, Vol. 244, No. 20 January 2020, pp. 118 – 746.

[287] Vanessa M. Strike, Jijun Gao and Pratima Bansal, Being Good while Being Bad: Social Responsibility and the International Diversification of US Firms. *Journal of International Business Studies*, Vol. 37, No. 6, 2006, pp. 850 – 862.

[288] Venkatraman N, Ramanujam V., Measurement of Business

Performance in Strategy Research: A Comparison of Approaches. *Academy of Management Review*, No. 11, 1986, pp. 801 – 814.

[289] Vigneau, Laurence, A Micro-level Perspective on the Implementation of Corporate Social Responsibility Practices in Multinational Corporations. *Journal of International Management*, Vol. 26, No. 4, Dec 2020.

[290] Vila J, MacGregor S., Business Innovation: What It Brings, What It Takes. *IESE Alumni Magazine*, Vol. 8, 2007, pp. 24 – 36.

[291] Waddock, S. & N. Smith, Relationships: The Real Challenge of Corporate Global Citizenship. *Business and Society Review*, Vol. 105, No. 1, 2000, pp. 47 – 62.

[292] W. Chan Kim and Renee Mauborgne, Value Innovation: The Strategic Logic of High Growth. *Harvard Business Review*, January – February, 1997, pp. 130 – 142.

[293] Wei – Skillern J., The Evolution of Shell's Stakeholder Approach: a Case Study. *Business Ethics Quarterly*, Vol. 10, 2004, pp. 713 – 728.

[294] Wilson, I., What One Company is Doing about Today's Demands on Business. In George A. Steiner (eds.), *Changing Business Society Interrelationships*. Los Angeles: Graduate School of Management, 1975.

[295] Wood D., Corporate Social Performance Revisited. *Academy of Management Review*, Vol. 16, 1991, pp. 691 – 718.

[296] Xiaohua Yang, Cheryl Rivers, Antecedents of CSR Practices in MNCs' Subsidiaries: A Stakeholder and Institutional Perspective. *Journal of Business Ethics*, Vol. 86, 2009, pp. 155 – 169.

[297] Yahui An, Corporate Social Responsibility and Overseas Income. *Finance Research Letters*, Vol. 39, March 2021.

[298] Y. Doz, J. Santos, P. Williamson, *From Global to Multinational*. Harvard: Harvard Business School Press, 2001.

[299] Zaheer, A. and Bell, G., Benefiting from Network Position: Firm Capabilities, Structural Holes, and Performance. *Strategic Management Journal*, Vol. 26, 2005, pp. 809 – 825.